Das große SINGER®

Nähbuch

Mode- & Wohnaccessoires

Eva-Maria Heller

Inhalt

Schöne Accessoires selber machen

Accessoires unterstreichen Ihren ganz persönlichen Stil und werten mit Farben, außergewöhnlichen Designs oder schönen Details herkömmliche Dinge aus dem Wohnbereich und in der Mode auf. Ob romantisch verspielt oder modern mit klaren Linien – in diesem Buch zeigen wir Ihnen, wie Sie mit besonderen Ideen Ihr Zuhause und Ihr Outfit verschönern können. Einladende Tischdekorationen, Dekoratives für Drinnen und Draußen oder auch raffinierte modische Accessoires wecken Ihre Experimentierfreude und machen Lust auf vielfältige Nähprojekte.

Ausführliche Anleitungen und viele Infos rund ums Nähen erleichtern Ihnen als Näh-Anfänger oder erfahrener Hobbyschneiderin den Einstieg oder das Wiederentdecken Ihrer Nähkünste. Vom fertigen Handtuch, das mit Satinbändern und Zierstichen ganz leicht zum exklusiven Einzelstück wird, bis hin zu dekorativen Kissen, feiner Bett- und Tischwäsche oder Taschen – für jeden Anlass finden Sie hier jede Menge Anregungen für Ihr ganz persönliches Nähvergnügen.

Lassen Sie sich inspirieren, und entdecken Sie Ihre Kreativität ganz neu!

Wir wünschen Ihnen viel Spaß beim Nähen
Ihre Redaktion

Die Nähmaschine

Voraussetzung für erfolgreiches Nähen ist eine Nähmaschine, die gut funktioniert und viele Einstellungen selbst vornimmt. Gerade Anfänger können nicht auf Erfahrungswerte zurückgreifen, aber auch einer fortgeschrittenen Näherin wird die Arbeit damit wesentlich erleichtert.

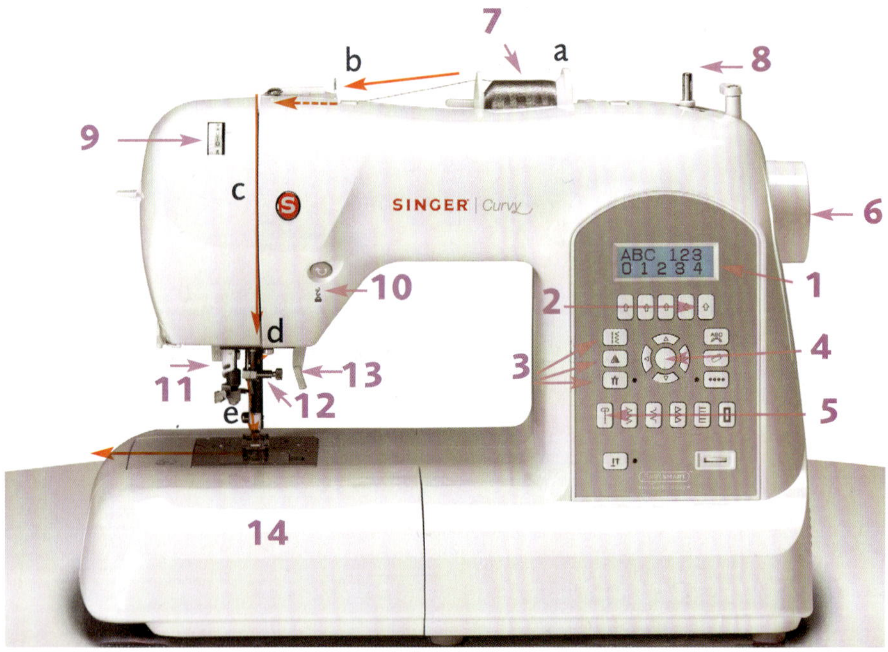

Die grundlegenden Anforderungen an eine neue Nähmaschine, wie eine praktische Handhabung und eine superleichte Bedienung, erfüllt beispielsweise die SINGER Curvy 8770. Dank Computertechnik bietet sie 225 Nähprogramme, sieben verschiedene Knopflöcher und eine breit gefächerte Stichauswahl. Das macht sie auch für diejenigen attraktiv, die nur über ein kleines Budget verfügen.

Mit den Direktauswahltasten können die Stiche problemlos aufgerufen werden. Stichbreite und -länge lassen sich stufenlos – selbst während des Nähens – mit Schiebereglern einstellen. Ergänzt wird die moderne Nähmaschine mit einem automatischen Einfädler, einer Schnellstartspule und der automatischen Regelung der Fadenspannung – ein großer Vorteil besonders für Anfänger.

Der abnehmbare Anschiebetisch, in dem sich diverses Zubehör wie zusätzliche Füßchen, Unterfadenspulen usw. übersichtlich verstauen lässt, ermöglicht es, Teile wie Ärmel oder Hosenbeine problemlos unter das Füßchen zu schieben.

Bedienelemente und deren Funktion

1 LCD-Display, hier werden Stichdaten angezeigt und Stichdaten bearbeitet.

2 Multifunktionstasten, die z.B. zur Auswahl des Musters, zur Einstellung der Stichbreite und

-länge ode zur Bestätigung von veränderten Einstellungen bzw. zur Rückkehr der Voreinstellung dienen.

3 Tasten für Nutzstiche, Spiegelmuster und Zwillingsnadeln.

4 Pfeil- und Cursortasten, damit bewegen Sie die Anzeige der Mustergruppen, Einzelmuster und den Cursor.

5 Mit den Direktauswahltasten können Sie Stichmuster direkt auswählen.

6 Das Handrad ermöglicht es, einzelne Stiche durch Drehen mit der Hand zu nähen.

7 Waagerecht liegende Garnspulenhalterung.

8 Hier wird die Unterfadenspule mit dem gewünschten Garn gewickelt.

9 Einstellrad für die Oberfadenspannung.

10 Rücktaste: Solange Sie drücken, näht die Maschine den eingestellten Stich zurück.

11 Der automatische Fadeneinfädler erleichtert das Einfädeln ins Nadelöhr.

12 Auf der Rückseite befindet sich ein Schalter, mit dem sich durch Drücken das Nähfüßchen lösen läßt.

13 Zu Beginn und am Schluss jeder Naht heben bzw. senken Sie mit diesem Hebel das Nähfüßchen.

14 Der Anschiebetisch hält das Nähzubehör griffbereit, dahinter wird die Unterfadenspule eingesetzt.

Einfädeln des Oberfadens

a Die Garnspule wird auf den waagerechten Dorn aufgesetzt.

b Der Faden wird von hinten nach vorn über die Vorspannführung gezogen.

c Der Faden wird weiter auf der linken Seite über die Fadenspannung gelegt, anschließend weiter nach unten gezogen.

d Den Faden nach unten zur Fadenöse über der Nadel führen.

e Den Faden in die Nadelöse einfädeln und unter dem Füßchen nach links ziehen.

Einfädeln der Unterfadenspule

Um die Unterfadenspule aufzuwickeln, setzen Sie die Spule auf den Dorn (8). Den Faden vom Garnhalter (7) zur Spulenführung ziehen, einige Male um die Spule wickeln und den Spulknopf nach rechts zur Spule drücken. Nun geben Sie mit dem Fußpedal Gas und der Faden wird automatisch auf die Spule gewickelt. Die Nadel mit dem Handrad auf die höchste Stellung bringen und die Spulenabdeckung öffnen. Die Spule in die Spulenkapsel einlegen (dreht entgegen dem Uhrzeigersinn), den Faden durch den vorderen Schlitz, weiter nach links hinten zur Seite ziehen und entlang der Rille auf der Stichplatte führen.

Einladende Tischdekorationen

Tischdekoration im Set

Mit einem liebevoll gedeckten Tisch machen Sie die nächste Einladung zu einem ganz besonderen Erlebnis. Dabei spielt es keine Rolle, ob Sie sich für edles Leinen, duftigen Organza oder schlichten Wollfilz entscheiden. Das ist eine Frage des persönlichen Stils.

Das brauchen Sie
Größe 25 x 38 cm
Vorlage Seite 60

Material für 4 Gedecke

- 1,90 m naturweißes Leinen, 140 cm breit
- 0,30 m naturbeiges Leinen, 140 cm breit
- 0,20 m hellbraunes Leinen, 140 cm breit
- 4 Hirschhornknöpfe
- naturfarbenes Baumwollgarn
- 0,30 m BSN-Folie, z.B. von Gütermann SULKY
- 0,10 m Solvy, z.B. von Gütermann SULKY
- Aqua-Fixiermarkierer, z.B. von Prym
- Nähfaden in Natur und Hellbraun, z.B. von Gütermann creativ
- Maschinenstickfaden Rayon 40 in Beige, z.B. von Gütermann SULKY

So wird's gemacht

Zuschneiden: Naturweiß: 44 x 64 cm, Hellbraun: 2 x je 44 x 1,5 cm und 64 x 1,5 cm (Tischset); Naturbeige: 56 x 12 cm, Hellbraun: 12 x 1,5 cm (Bestecktasche); Naturweiß: 48 x 48 cm (Serviette); Hellbraun: 9 x 22 cm (Serviettenring).

Tischset

1 Übertragen Sie das Initial von der Vorlage mit Filzstift auf die BSN-Folie und schneiden Sie es mit grobem Umriss aus. Bügeln Sie den Buchstaben auf das hellbraune Leinen, dabei ca. 15 Sekunden lang mit dem Bügeleisen drücken. Schneiden Sie die Applikation entlang der Kontur aus. Platzieren Sie den Buchstaben mittig mit 11 cm Abstand zu einer Schmalseite auf dem Zuschnitt für das Tischset und bügeln Sie ihn auf. Mit engem Zickzackstich (Stichlänge 0,3 mm, Stichbreite 1,5 mm) umsteppen.

2 Markieren Sie mit Aqua-Fixiermarkierer parallele Linien mit 8 cm Abstand zu den Außenkanten der Tischsetzuschnitte. Bügeln Sie die Kanten der hellbraunen Streifen jeweils 0,3 cm auf die linke Seite. Drücken Sie die Streifen auf die Markierungslinien der Tischsets. Steppen Sie mit Maschinenstickfaden beidseitig entlang der Streifenkanten einen Stickstich, der wie ein Languettenstich wirkt, alternativ auch einen anderen Quiltstich. Steppen Sie mit dem hellbraunen Nähfaden beidseitig mit 0,7 cm Abstand zu den Streifen den 3-fach-Geradstich.

3 Bügeln Sie die Außenkanten der Tischsets zweimal je 1 cm rundum auf die linke Seite und steppen Sie die Nahtzugaben von rechts mit 0,7 cm Randabstand fest.

Bestecktasche

1 Übertragen Sie das Stickmotiv auf Solvy. Steppen Sie den hellbraunen Streifen entsprechend der Schemazeichnung auf den Taschenstreifen auf (siehe Tischset, Schritt 2). Legen Sie mittig unterhalb des Streifens das Stickmotiv und sticken

Sie es mit eng eingestelltem Zickzackstich nach, dabei die Stichbreite variieren.

2 Falten Sie den Streifen quer zur Hälfte rechts auf rechts und erneut mit 8 cm Abstand zur Bruchkante die Tasche. Steppen Sie die seitlichen und die Längskante mit einem 5 cm langen Schlitz 1 cm breit aufeinander. Die Ecken schräg wegschneiden und die Tasche durch den Schlitz wenden. Den Schlitz mit Handstichen verschließen.

Servietten und Serviettenring

1 Falten Sie die Kanten der Serviette 1 cm und noch mal 3 cm auf die linke Seite und bügeln Sie die Kanten. Steppen Sie die Nahtzugabe von der rechten Seite mit einem Stickstich und Maschinenstickfaden fest.

2 Versäubern Sie die Kanten des Leinenstreifens mit Zickzackstich. Sticken Sie mittig der Länge nach 3 verschiedene Stickstiche mit Maschinenstickgarn auf den Streifen. Nähen Sie auf das Ende des Streifens mittig einen Knopf und binden Sie den Garnfaden daran fest. Den Streifen mit Garn um die Serviette legen und den Garnfaden um den Knopf wickeln.

Materialauswahl

Eine vollkommen andere Wirkung des Sets aus Tischset, Bestecktasche und Serviette erzielen Sie, wenn Sie die Applikationen und Bänder z.B. aus Filz anfertigen oder die Tischsets aus transparentem Organza nähen.

Tischdecken in Hülle und Fülle

Die Mischung macht's: Baumwolle und Organza gehen hier eine zugegebenermaßen seltene, aber perfekte Liaison ein. Und werden in trendigem Lila-Pink, aber auch in allen anderen Farben zum Deko-Highlight. Zusätzliche Hingucker sind die Serviettentüten.

Das brauchen Sie

Tischgröße 120 x 75 x 70 cm

Vorlage Seite 63

Unterdecke A

- 22,30 x 2,70 m Baumwollstoff in Violett
- Stickvlies Tear Easy, z.B. von Gütermann SULKY
- Maschinenstickfaden Rayon 40 in Gold, z.B. von Gütermann SULKY
- Textilmarker

Mitteldecke B

- 1,14 m x 1,84 m Organza in Rot
- 0,40 m x 1,20 m Organza in Violett für die Taschen
- Nähfaden, z.B. von Gütermann creativ
- Pappkarton

Mitteldecke C

- 0,64 x 2,34 m Organza in Rot
- 0,30 x 0,60 m Organza in Violett
- Nähfaden, z.B. von Gütermann creativ

Servietten

- 50 x 50 cm Organza in Violett
- Nähfaden, z.B. von Gütermann creativ
- Stickvlies zum Wegreißen, z.B. Tear Easy von Gütermann SULKY

So wird's gemacht

Unterdecke A

Zeichnen Sie die Linien für die Zierstiche mit der Kreide entsprechend der Schemazeichnung auf. Wählen Sie drei verschiedene Zierstiche und sticken Sie zuerst alle durchgängigen Linien einer Richtung, dabei legen Sie immer schmale Streifen von Stickvlies unter. Um die Abstände gleichmäßig einzuhalten, verwenden Sie die Füßchenbreite oder den Abstandshalter der Nähmaschine. Entfernen Sie das Stickvlies und vernähen Sie alle Fäden, den Stoff gut bügeln. Arbeiten Sie die Tischdecke mit Briefecken (siehe Tipp). Anschließend den Saum rundum schmalkantig steppen.

Mitteldecke B

Schneiden Sie aus Karton ein Dreieck als Schablone nach den Maßen der Schemazeichnung. Schneiden Sie aus Organza 4 Dreieckstaschen mit 2 cm Nahtzugabe zu. Bügeln Sie die Nahtzugaben zweimal je 1 cm auf die linke Seite. Die obere Taschenkante schmalkantig steppen. Die Taschen nach der Schemazeichnung auf der Decke platzieren und die schrägen Kanten 1 cm breit aufsteppen. Den Deckensaum rundum zweimal je 1 cm breit auf die linke Seite bügeln und 0,7 cm breit absteppen.

Mitteldecke C

Arbeiten Sie die gleichen Arbeitsschritte der Mitteldecke B nach der Schemazeichnung der Mitteldecke C. Die Saumkanten wie bei der Mitteldecke B bügeln und steppen.

Organzaserviette

Arbeiten Sie an allen Ecken Briefecken nach der Anleitung mit 1 cm und 4 cm Saumzugaben.

Briefecke nähen

Bügeln Sie rundum die Saumkanten zuerst 1 cm und dann ein weiteres Mal 4 cm auf die linke Seite, die 4 cm breite Faltung wieder aufklappen. Falten Sie den Stoff in der Diagonalen rechts auf rechts und markieren Sie vom Kreuzungspunkt der Bügelmarkierung nach außen zu den Bügelkanten einen 45-Grad-Winkel. Steppen Sie von der Ecke weg die Schräge entlang der Markierung; alle vier Ecken so nähen. Die Nahtzugaben 0,5 cm breit zurück- und an den Ecken schräg wegschneiden. Falten Sie die Ecken auf und bügeln Sie die Nahtzugaben der Ecken auseinander. Wenden Sie die Ecken auf die rechte Seite und steppen Sie die Saumkanten fest.

Bestickte Tischläufer und -sets

Tischsets sind nicht nur praktisch, sie sind auch schön. Insbesondere dann, wenn sie – wie hier – individuell gestaltet sind. Ob romantisch verspielt mit dekorativen Zierstichen oder sachlich pur dekoriert: Tischsets sind schnell fertig und ideal für Nähanfänger!

Das brauchen Sie

Vorlage Seite 63

Läufer mit geometrischen Motiven (längs)

Größe 60 x 140 cm

- 0,60 m Wollfilz, 140 cm breit, 3 mm stark
- Maschinenstickfaden Rayon 40 in Weiß, z.B. von Gütermann SULKY

Läufer aus Seide (quer)

Größe 60 x 144 cm

- 1,00 m weiße Seide, 140 cm breit
- 0,80 m rote Seide, 140 cm breit
- 1,20 m Vlieseline, 140 cm breit
- 4,00 m orangefarbenes Seidenband, 6 mm breit
- Maschinenstickfaden Rayon 40 in Weiß, Rot und Orange, z.B. von Gütermann SULKY
- Textilmarkierstift
- Ultra Solvy, z.B. von Gütermann SULKY
- Biesenfuß und Zwillingsnadel

Nähzutaten für 4 Sets und Servietten

- 0,45 m Wollfilz, 140 cm breit, 3 mm stark
- Maschinenstickfaden Rayon 40 in Weiß und Rot, z.B. von Gütermann SULKY
- 4 weiße Leinenservietten

So wird's gemacht

Läufer mit geometrischen Motiven

Zeichnen Sie die Linien und Quadrate entsprechend der Schemazeichnung des Vorlagenbogens mit Textilmarker auf den Filz auf. Steppen Sie die Motive und Linien mit den Sticheinstellungen nach den Angaben der Schemazeichnung mit weißem Maschinenstickfaden.

Läufer aus Seide

Zuschneiden: in Weiß: 2 x je 15 x 70 cm, 10 x je 15 x 63 cm; aus Vlieselinie: 2 x je 15 x 70 cm; 4 x je 15 x 63 cm, 80 x 70 cm (Vorderteil); in Rot: 80 x 70 cm (Vorderteil), 75 x 63 cm (Rückteil).

1 Bügeln Sie die Vlieseline auf die Rückseiten der verschiedenen Streifen für die Vorderseite. Zeichnen Sie auf zwei weißen Streifen (15 x 70 cm) mittig und parallel dazu Linien mit je 3 cm Abstand. Diese Linien mit einem Overlockstich in Rot steppen. Die Streifen auf 15 x 63 cm zurechtschneiden.

2 Verzieren Sie das rote Seidenmittelteil auf der Vorderseite mit Stickreihen, Biesen und Bändern. Orientieren Sie sich dabei an der Schemazeichnung oder gestalten Sie die Verzierung nach Ihren Wünschen. Die Seidenbänder können Sie mit einer Zwillingsnadel in einem Arbeitsgang aufsteppen oder beidseitig schmalkantig mit einer normalen Nadel Geradstiche nähen. Nachdem

alle Linien gesteppt sind, schneiden Sie den Stoff auf 75 x 63 cm zu.

3 Legen Sie die jeweiligen Rückteile rechts auf rechts auf die Vorderteile und steppen Sie rundum eine 1,5 cm breite Naht mit einem Schlitz zum Wenden. Die Teile wenden und die Kanten bügeln. Legen Sie eine weiße an eine rote Kante und wählen Sie einen breiten Zierstich, der über beide Kanten reicht. Die Teile mit Kontrastfarbe zusammensteppen. Alle Teile des Läufers mit diesem Stich zusammenfügen.

Tischset und Servietten besticken

Zeichnen Sie das Doldenmotiv von der Vorlage mit Filzstift auf Ultra Solvy durch. Die Vorlage auf das Set legen und mit weißem Maschinenstickgarn nachsticken. Die Servietten besticken Sie mit dem gleichen Motiv in Rot.

Denken Sie daran

Stabilisatoren wie Ultra Solvy, das zum Übertragen von Vorlagen dient, oder Tear Easy als Unterlage für Stickereien sind wichtige Hilfsmittel. Solvy löst sich mit warmem Wasser auf, Tear Easy reißen Sie nach dem Sticken einfach weg.

Immerblühende Deko-Rosen

Mit den immerblühenden Rosen aus Seide oder Baumwolle erhält jede Tafel einen Hauch von Romantik. Ob festlich oder elegant: Die Rosen zieren Servietten und Kerzenständer, Sie können sie auch locker zwischen Asparagus- oder Efeuranken auf dem Tisch verteilen.

Das brauchen Sie

Vorlage Seite 60

Pro Rose mit 3 Blättern

- 0,15 m Baumwolle oder Seide in Rosa- oder Rottönen, 90 cm breit
- Reste von unifarbenen oder grün gemusterten Baumwollstoffen
- Nähfaden, z.B. von Gütermann creativ

So wird's gemacht

Zuschneiden pro Rose: Schnittteil Blüte 2 x, Blatt 6 x.

1 Legen Sie je 2 Schnittteile für die Blüte rechts auf rechts aufeinander und nähen Sie die Teile 0,5 cm breit aufeinander, dabei an der unteren Kante einen etwa 10 cm langen Schlitz zum Wenden offen lassen. Die Nahtzugaben an den Ecken schräg wegschneiden. Die Nähte bügeln, die Teile wenden und die Kanten ausformen. Erneut bügeln, dabei die Nahtzugaben an den Schlitzen nach innen falten. Entlang der unteren Kante der Rose eine Reihnaht (Stichlänge 5–7 mm) steppen und auf die halbe Länge einreihen. Die Rose aufrollen, dabei die Wicklungen an der Unterkante mit einigen Handstichen fixieren, abschließend durch alle Stofflagen mit Handstichen aufeinandernähen. Die oberen Kanten der Rosenblätter teilweise nach außen klappen.

2 Legen Sie je zwei Schnittteile der Blätter rechts auf rechts und steppen Sie die Kanten mit einem 3 cm langen Schlitz 0,5 cm breit aufeinander. Die Nahtzugaben an der Spitze zurückschneiden, die Naht bügeln, das Blatt wenden, ausformen und erneut bügeln. Jeweils 3 Blätter mit Handstichen unter der Rose annähen.

Dekorat

ives für Drinnen und Draußen

Farbenfrohe Topfhussen

Eine Husse für würzige Küchenkräuter statt dem obligatorischem Übertopf? Warum nicht! Küchenhandtuchstoff wird hier zweckentfremdet und zum dekorativen Accessoire auf der Fensterbank. Dekorative Zierstiche machen aus den Hussen exklusive Einzelstücke.

Das brauchen Sie

21 und 16 cm hoch mit jeweils 15 cm Ø

Vorlage Seite 61

- 0,50 (0,40) m grün karierter Baumwollstoff, 90 cm breit
- 0,10 m türkis karierter Baumwollstoff, 90 cm breit
- 3,0 m Baumwollgarn in Türkis (für Nadelstärke 4–5)
- 50 x 40 cm Plastikfolie
- 20 cm Solvy, z.B. von Gütermann SULKY
- Maschinenstickfaden Rayon 40 in Weiß und Türkis, z.B. von Gütermann SULKY
- Nähfaden in Weiß, z.B. von Gütermann creativ
- Textilmarker
- Zirkel

So wird's gemacht

Zuschneiden: grün kariert und Folie: 49 x 26 cm bzw. 49 x 21 cm (Außenseite), Kreis mit 17 cm Ø (Boden); türkis kariert: 49 x 7 cm (Belegstreifen); alle Angaben inkl. 1 cm Nahtzugabe.

1 Zeichnen Sie die Blätter von der Vorlage auf Solvy durch. Stecken Sie das Solvy auf die Außenseite und legen Sie zwei türkisfarbene Fäden nebeneinander an die Anstoßlinie zweier Karos, beginnen Sie dabei an einer Schmalseite. Übernähen Sie die Fäden mit weißem Stickgarn und engem Zickzackstich (Stichlänge 0,2 mm, Stichbreite 4 mm). Nähen Sie bis zur ersten Blattmarkierung. Mit einem der beiden Fäden die Kontur des Blattes bis zur Spitze und weiter das nächste Blatt bis zur Geraden nachformen.

2 Mit der Stichlänge 2,5 mm des Zickzackstichs übersteppen Sie den Baumwollfaden bis zur nächsten Doppelgeraden (siehe graue Kontur, Vorlagenbogen). Den Faden hängen lassen und mit dem zweiten Faden die untere Blatthälfte bis zur Doppelgeraden übersteppen. Das zweite Blatt genauso arbeiten, bis erneut zwei Fäden an der Trennlinie der Karos nebeneinanderliegen. Alle nebeneinanderliegenden Blätter auf der Außenseite nachsteppen. Die Blattadern steppen Sie mit 3-fach-Geradstich in Türkis nach. Die übrigen Blätter füllen Sie mit Stickstichen in Türkis aus.

3 Legen Sie die Schmalseiten der Außenhülle rechts auf rechts und steppen Sie die Naht 1 cm breit, die Nahtzugaben auseinanderbügeln. Den Boden rechts auf rechts in den Ring steppen. Den Belegstreifen rechts auf rechts auf den Folienstreifen und die Naht steppen. Den Folienstreifen zum Ring schließen, dabei einen 8 cm langen Schlitz zum Wenden offen lassen, den Folienboden einsetzen. Stecken Sie die Folienhusse rechts auf rechts in die Außenhülle und steppen Sie die Naht 1 cm breit. Die Husse durch den Schlitz wenden und den oberen Rand 3 cm breit nach außen umschlagen.

Romantische Bettwäsche

Feine Stoffe, möglichst mit Monogramm: Romantische Bettwäsche ist gefragt wie selten zuvor. Noch verführerischer wird diese, wenn Spitze und individuelle Stickereien mit im Spiel sind.

Das brauchen Sie

Kissen 80 x 80 cm und Bettbezug 140 x 210 cm

Kissen und Bezug

- 2,30 m hellblauer Baumwollbatist mit ca. 10 cm breiter Stickereikante, 150 cm breit
- 0,90 m weißer Baumwollbatist mit flächigem Stickereimotiv, 150 cm breit
- 4,30 m weißer Baumwollbatist, 150 cm breit
- 4 Wäscheknöpfe
- Nähfaden in Hellblau und Weiß, z.B. von Gütermann creativ

So wird's gemacht

Kopfkissen

Zuschneiden: Kopfkissenvorderseite in Weiß mit Stickerei und Hellblau: 82 x 82 cm; Kopfkissenrückseite in Hellblau: 2 x 48,5 x 82 cm; Stehsaum in Hellblau: 4 x 12 x 102 cm.

1 Die Längskanten der Stehsaumstreifen längs links auf links falten und bügeln. Mit dem Geodreieck von den Bruchkanten der Enden weg zu den eingebügelten Kanten je einen 45-Grad-Winkel markieren. Die Ecken entlang der Markierung wegschneiden. Die Streifen wieder auffalten und jeweils zwei Enden rechts auf rechts legen und bis zur 1 cm breiten Nahtzugabe aufeinandersteppen. Die Nahtzugaben zurück-, an den Ecken schräg wegschneiden und auseinanderbügeln. Alle 4 Ecken des Stehsaums so arbeiten.

2 Bügeln Sie an den beiden Kissenrückseiten jeweils eine der kürzeren Kanten zweimal je 3 cm auf die linke Seite und steppen Sie diese schmalkantig ab. Arbeiten Sie in eine der abgesteppten Knopfblenden 4 Knopflöcher ein. Stecken Sie die zweite Knopfblende deckungsgleich unter die Knopflochblende und nähen Sie Knöpfe an den entsprechenden Stellen an. Die Knöpfe schließen und die Teile aufeinanderstecken.

3 Für das Kissenvorderteil das weiße auf das hellblaue stecken und rundum 0,5 cm breit aufeinandersteppen. Das Vorderteil rechts auf rechts auf das Rückteil stecken und die offenen Kanten des Stehsaums dazwischenlegen. Stecken und heften und die Naht rundum 1 cm breit steppen. Das Kissen wenden.

Bettbezug

Zuschneiden: weißer Batist: 224 x 142 cm (Vorderseite), 204 x 142 cm (Rückseite); Stickereikante: 22 x 142 cm (Blende).

Bügeln Sie eine Schmalseite der Vorderseite 1 cm und noch einmal 2 cm auf die linke Seite, diese Kante schmalkantig feststeppen. Diese Kante 20 cm breit rechts auf rechts klappen, bügeln und die Seiten aufeinanderstecken. Die Rückseite an einer Kante zweimal je 1 cm breit umbügeln und feststeppen. Rückseite rechts auf rechts auf die Vorderseite stecken, dabei an der oberen Kante die Stickereiblende dazwischenlegen. Beide Längs- und die Querkante 1 cm breit steppen, wenden.

Tolle Aussichten: Spitzengardinen

Spitzen vom Flohmarkt oder vielleicht auch aus Omas Nähkästchen in Kombination mit edlem Batist – und aus jedem noch so schlichten Fenster wird ein kleines Kunstwerk. Je nachdem wie viele Spitzenbänder man aufnäht, auch gleich noch ein blickdichtes dazu!

Das brauchen Sie
Größe nach Belieben
Vorlage Seite 62

- Glasbatist in Weiß, 90 cm oder 140 cm breit (entsprechend der Fenstermaße)
- ca. 10 m Spitze vom Flohmarkt oder selbst genäht, Breite beliebig zwischen 5 und 9 cm
- Nähfaden in Weiß, z.B. von Gütermann creativ
- 0,50 m BSN-Folie, z.B. von Gütermann SULKY
- Wingnadel (für Stickereien, Fachgeschäft)

So wird's gemacht

Zuschneiden: Messen Sie für den Zuschnitt von der Vorhangstange bis zum Fensterbrett in der Höhe, für die Breite die Entfernung zwischen den senkrechten Fenstersturzkanten. Zur Höhe 2 cm und in der Breite 4 cm dazugeben. Dieses Maß aus Glasbatist zuschneiden.

1 Übertragen Sie das Mittelmotiv von der Vorlage auf BSN-Folie und schneiden Sie die Teile grob aus. Auf Glasbatist aufbügeln und entlang der Konturen ausschneiden. Zeichnen Sie mittig auf dem Zuschnitt einen Rahmen mit 30 x 50 cm auf. Bügeln Sie die Teile des Motivs innnerhalb des Rahmens auf. Umsteppen Sie die Kanten mit Zickzack- (Stichlänge und -breite 2,5 mm) oder einem Quiltstich, dabei wirkt es besonders dekorativ, wenn Sie die Wingnadel verwenden. Bügeln Sie die äußeren Kanten des Vorhangs zweimal je 1 cm auf die linke Seite und steppen Sie den Saum rundum schmalkantig fest. Legen Sie 4 je 6 cm lange Spitzenreste zur Hälfte aufeinander und stecken Sie sie als Schlaufen mit den offenen Kanten 1 cm breit unter die obere Kante. Die Schlaufen quer feststeppen.

2 Stecken Sie nun die Spitzenreste nach Belieben um das Mittelmotiv herum auf. Ruhiger wirkt die Gestaltung, wenn Sie die Spitzen symmetrisch anordnen, d. h., wie auf dem Foto waagerecht in der Mitte zu beiden Seiten beginnen und darüber und darunter die senkrechten Spitzen jeweils gespiegelt auflegen. Stecken Sie zuerst alle Spitzenstreifen auf. Gefällt Ihnen die Anordnung, steppen Sie die Anstoßlinien mit Zickzackstich (Stichbreite 3,5 mm, Stichlänge 1,5 mm) aneinander. Die überstehende Spitze dicht am Zickzack wegschneiden.

Wingnadel

Diese spezielle Nähmaschinennadel erhalten Sie in der Kurzwarenabteilung. Durch die konische Form entsteht beim Einstechen im Stoff ein kleines Loch, das den Handstickereieffekt erzeugt.

Kissen im Landhausstil

Raus aufs Land! Wer in der Stadt bleiben muss, holt sich mit Accessoires die Illusion vom beschaulichen Landleben in die Wohnung und träumt von nächsten Wochenendtrip. In rot-weiß kariert, gestreift oder auch geblümt, so wie bei unseren Kissenbeispielen.

Das brauchen Sie

Baumwollstoffe mit 150 cm Breite, z.B. von JAB Anstoetz

Karokissen mit falschem Stehsaum

Größe 68 x 68 cm

- 0,75 m Karostoff

Kissen mit Polsterrand

Größe 58 x 58 cm

- 0,55 m Streifenstoff
- 0,30 m Hahnentrittstoff
- 0,40 m Volumenvlies, 90 cm breit

Kissen mit Schnurpaspel

Größe 45 x 45 cm

- 0,50 m Karostoff
- 1,80 m Schnurpaspel in Beige oder Weiß

Kissen mit Karorüschen

Größe 50 x 50 cm

- 0,55 m Blumenstoff
- 0,50 m Karostoff

für alle Kissen

- Nähfaden, z.B. von Gütermann creativ
- pro Kissen 1 Reißverschluss, entsprechend der Kissengröße 30–40 cm lang

So wird's gemacht

Reißverschluss einnähen

Legen Sie die Hälften der rückwärtigen Kissenteile entlang der Längskanten rechts auf rechts. Markieren Sie von den seitlichen Kanten her etwa 5–10 cm entsprechend der Reißverschlusslänge. Steppen Sie die seitlichen Nähte 1,5 cm breit, dazwischen heften Sie die Naht. Die Nahtzugaben auseinanderbügeln und die Kanten versäubern. Den Reißverschluss mittig unter die Heftnaht stecken, heften und rundum mit dem Reißverschlussfüßchen einsteppen. Die Heftnaht lösen, den Reißverschluss etwa 5 cm weit öffnen.

Karokissen mit falschem Stehsaum

Zuschneiden: Vorderseite 70 x 70 cm, 2 Rückteile mit je 36,5 x 70 cm

1 Einen 40–45 cm langen Reißverschluss in die Kissenrückteile einnähen. Stecken Sie das Kissenvorderteil rechts auf rechts auf die rückwärtige Kissenplatte und steppen Sie die Naht rundum 1 cm breit. Die Nahtzugaben zusammengefasst versäubern, bügeln und das Kissen wenden. Die Kanten ausformen; das geht am besten mit einem Löffelstiel, den Sie fest von innen gegen die Naht drücken.

2 Die äußeren Kanten bügeln und aufeinanderstecken. Markieren Sie auf der Vorderseite einen 4 cm breiten Rand und steppen Sie entlang der Markierung Vorder- und Rückteil aufeinander.

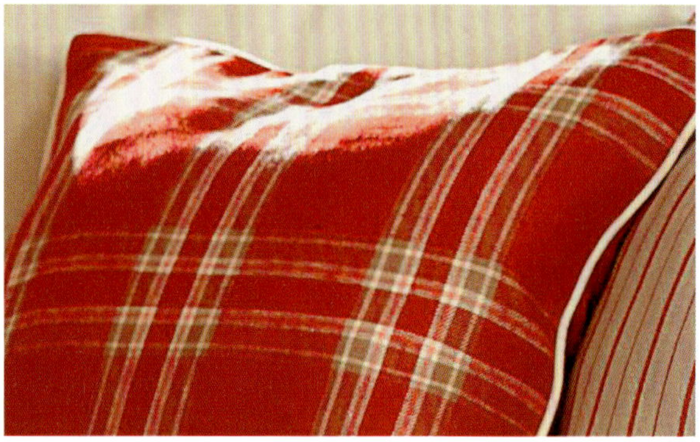

Kissen mit Polsterrand

Zuschneiden: aus Streifenstoff 52 x 52 cm (Vorderseite) und 2 x je 27,5 x 52 cm (Rückseiten); aus Hahnentritt und Volumenvlies 4 x je 62 x 10 cm.

1 Nähen Sie in die Kissenrückseite einen 40 cm langen Reißverschluss. Bügeln Sie das Volumenvlies auf die Streifen auf und falten Sie die Streifen längs und links auf links zur Hälfte. Zeichnen Sie an den Enden von den Bruchkanten zu den Schnittkanten jeweils einen 45-Grad-Winkel an und schneiden Sie die Ecken weg.

2 Legen Sie die Streifen mittig und rechts auf rechts auf die Kanten der vorderen Kissenplatte. Steppen Sie die Streifen von Ecke zu Ecke fest.

Legen Sie die aneinanderstoßenden Ecken rechts auf rechts und steppen Sie die Nähte. Die Nahtzugaben zurückschneiden und auseinanderbügeln, die Ecken wenden. Das Kissenrückteil links auf links auf das Vorderteil stecken. Die Nahtzugaben des rückwärtigen Stehsaums 1 cm breit einschlagen und rundum feststecken. Rundum schmalkantig feststeppen, das Kissen durch den Reißverschluss wenden und bügeln.

Kissen mit Schnurpaspel

Zuschneiden: aus Karostoff: 47 x 47 (Vorderseite), 2 x je 25 x 47 cm (Rückseiten).

1 In die Rückseiten einen 30 cm langen Reißverschluss einnähen. Stecken und heften Sie die Schnurpaspel auf die Außenkante der Kissenvorderseite; die Schnurkante liegt nach innen zur Kissenmitte gerichtet, die Schnittkanten der Paspel liegen bündig auf den Kissenkanten. An den Ecken die Nahtzugaben der Schrägstreifen bis kurz vor die Schnursteppnaht senkrecht einschneiden, so lässt sich die Paspel gut um die Ecke legen. Steppen Sie die Schnurpaspel rundum auf die Nahtlinie des Kissens.

2 Legen und stecken Sie die Kissenrückseite mit dem leicht geöffneten Reißverschluss rechts auf rechts auf die Vorderseite. Steppen Sie die Naht, die genau über der Nahtlinie der Schnurpaspel

liegt. Die Nahtzugaben zusammengefasst versäubern. Kissen durch den Reißverschluss wenden.

Kissen mit Karorüschen

Zuschneiden: aus Blumenstoff 52 x 52 cm (Vorderseite) und 2 x je 27,5 x 52 cm (Rückseiten); aus Karostoff: Streifen mit insgesamt 400 x 16 cm.

1 Nähen Sie in die Rückseiten einen 35 cm langen Reißverschluss. Legen Sie die Schmalseiten der Rüschenstreifen rechts auf rechts. Achten Sie darauf, dass das Karo genau aufeinandertrifft und stecken Sie zur Sicherheit mehrere Stecknadeln quer zur Naht ein, so kann das Muster beim Nähen nicht verrutschen. Steppen Sie die Nähte 1 cm breit. Die Rüsche zum Ring schließen und die Nahtzugaben auseinanderbügeln. Die Rüsche in der Runde links auf links zur Hälfte falten und die Bruchkante bügeln. Entlang der offenen Rüschenkanten innerhalb der Nahtzugabe eine doppelte Reihnaht mit Stichlänge 4–5 mm steppen. Ziehen Sie die Unterfäden der Reihnähte so weit an, bis die Rüsche 2 m lang ist. Die Mehrweite auf die gesamte Rüsche verteilen.

So geht's ganz einfach

Farblich genau aufeinander abgestimmte Stoffe im aktuellen Mustermix erhalten Sie, wenn Sie die Stoffe aus einer Serie eines Herstellers kaufen (hier: JAB Anstoetz, Serie Amerika).

2 Stecken Sie die offenen Rüschenkanten rundum rechts auf rechts auf die vordere Kissenplatte, dabei schieben Sie auf den Reihnähten etwas mehr Weite der Rüsche von der Kissenmitte zu den Ecken hin. Heften Sie die Rüschenkanten fest und stecken Sie die rückwärtige Kissenplatte rechts auf rechts. Die Naht rundum 1 cm breit steppen und die Nahtzugaben zusammengefasst versäubern. Wenden Sie das Kissen durch den Reißverschluss. Die Ansatznaht der Rüsche rundum bügeln.

Moderne Sitzkissen

Ying und Yang: Harmonie in Schwarz-Weiß signalisieren die Stuhlkissen mit modernem Grafikdesign und peppen so jeden schlichten Küchenstuhl auf! Wo Schwarz und Weiß nicht passen, einfach Kissen in gewünschten Farbtönen anfertigen.

Das brauchen Sie

Größe 25 x 38 cm

Vorlage Seite 63

- je 1,10 m fester Baumwollstoff in Schwarz und 0,50 m in Weiß, 140 cm breit
- 0,30 m Klettband, 1,5 cm breit
- 2 Schaumstoffplatten mit 40 cm Ø, 4 cm dick
- Maschinenstickfaden Rayon 40 in Schwarz und Weiß, z.B. von Gütermann SULKY
- Nähfaden, z.B. von Gütermann creativ
- 0,60 m BSN-Folie, z.B. von Gütermann SULKY
- Schnittpapier
- Textilmarker

So wird's gemacht

Zuschneiden: schwarzer Stoff: 4 x je 42 cm Ø, 4 Halbkreise mit 40 cm Ø plus 5 cm Zugabe am Durchmesser, 2 x 4 x 128 cm (Seitenstreifen).

Vorbereiten: Alle Teile zum Applizieren auf BSN-Folie durchzeichnen, grob ausschneiden und auf den weißen Stoff mit Backpapier aufbügeln.

1 Die weißen Applikationsteile auf den schwarzen Kreisen laut Vorlage anordnen und mit darübergelegtem Backpapier aufbügeln. Die übrigen Konturen mit Textilmarker aufzeichnen. Alle Konturen mit eng eingestelltem Zickzackstich (Stichlänge 0,3 mm, -breite 3,0 mm) steppen.

2 Für den Verschluss die verlängerten Halbkreise der Rückseiten zuerst 1,5 cm und noch einmal 3 cm auf die linke Seite bügeln. Knappkantig feststeppen. Das Klettband auf und unter die Verschlusskanten steppen, die Halbkreise aufeinanderkletten.

3 Schließen Sie die Streifen zum Ring mit einer 1 cm breiten Naht. Streifen rechts auf rechts an die Außenkante der Oberseite stecken und 1 cm breit feststeppen, ebenso an der Unterseite festnähen. Den Bezug wenden und die Schaumstoffplatten einstecken.

Edel-Look für weiße Handtücher

Einfacher geht es nicht: Wer Nähen für sich entdecken möchte, sollte mit diesen Handtüchern anfangen. Einfach Streifen auf fertige Handtücher auffbügeln und mit Zierstichen dekorieren. Fürs eigene Bad, aber auch als Geschenk für liebe Freunde.

Das brauchen Sie

- weiße Frotteehandtücher in beliebigen Größen
- pro Handtuch ca. 0,20 m Baumwollsatin
- Zackenlitzen und Samtbänder in den passenden Farben, Länge entsprechend der Handtuchbreite plus 2 cm
- 1,50 m BSN-Folie, z.B. von Gütermann SULKY
- Maschinenstickfaden Rayon 40, Farben Ton in Ton auf den Satin abgestimmt, z.B. von Gütermann SULKY

So wird's gemacht

Auf jedem Handtuch sind 5 Streifen appliziert, die zusätzlich mit Zierstichen und Litze verziert werden.

1 Schneiden Sie pro Handtuch in der Handtuchbreite plus 2 cm einen Streifen Stoff mit 17 cm Länge zu. Bügeln Sie auf die Rückseite flächig BSN-Folie auf. Schneiden Sie nun den bebügelten Stoff in 2 je 2 cm breite, je einen in 3, 4 und 6 cm breite Streifen. Bügeln Sie die Längskanten der Streifen jeweils 0,5 cm breit auf die linke Seite, dabei legen Sie Backpapier unter, da sonst die BSN-Folie auf dem Bügelbrett klebt. Die schmalen Seiten bügeln Sie 1 cm breit auf die linke Seite.

2 Stecken Sie die Streifen mit beliebigem Abstand zum Handtuchrand und ebenfalls beliebigem Abstand zueinander auf die Handtücher. Gefällt Ihnen die Anordnung, bügeln Sie die Streifen auf.

3 Wählen Sie Zierstiche, mit denen Sie die Kanten oder die Mitte der Streifen besticken, oder steppen Sie mit Geradstich schmalkantig entlang der Kanten. Auch Zackenlitze, die über die Kanten gelegt wird, wirkt sehr dekorativ. Diese muss nur mit einer Mittelnaht fixiert werden.

Komplette Sets

Die Handtücher sind eine tolle Übung für Anfänger, außerdem können Sie die Zierstiche Ihrer Maschine gut ausprobieren.

Wählen Sie die Stickfäden entweder Ton in Ton heller oder dunkler, für Litzen oder Samtbänder übernehmen Sie den Farbton der Stickfäden.

Als Geschenk wirken die Handtücher perfekt, wenn Sie Gäste-, Hand- und Duschtücher in einer Farbe gestalten.

Romantische Hüllen für Windlichter

Windlichter wecken Träume von lauen Sommernächten, mit leiser Musik und einem Sternenhimmel, der im Nirgendwo zu enden scheint. Diese Windlichter mit edlem Perlenschmuck passen immer, auch dann, wenn der Sommer mal eine Auszeit nimmt.

Das brauchen Sie

- 40 x 40 cm Organza
- Rundperlen oder Rocailles
- Nylonfaden
- Perlennadel
- Nähfaden, z.B. von Gütermann creativ

Rüsche

- 1,00 m Schrägband aus Organza, ca. 3 cm breit
- 2,00 m Perlenschnur

Das Perlenannähfüßchen

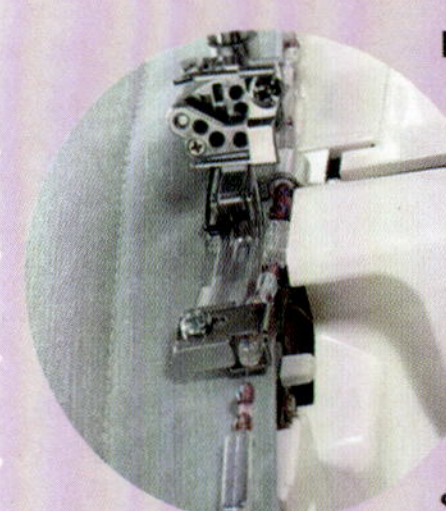

Mit der Overlock und dem Perlenannähfüßchen fixieren Sie aufgefädelte Perlenstränge schnell und einfach auf dem Stoff und entlang der Kanten. Die spezielle Führung gibt den aufgefädelten Perlen Halt, so rutschen sie nicht weg und lassen sich ganz leicht annähen. Wichtig ist, dass die Perlen durch die Führung des Fußes passen!

So wird's gemacht

Zeichnen Sie z.B. mit einer Tortenplatte einen ca. 40 cm großen Kreis auf den Organza. Den Kreis ausschneiden und mit Zickzackstich versäubern. Die Perlen auf eine Schnur fädeln und mit dem Perlenannähfüßchen auf dem Rand festnähen.

Variante

Zusätzlich können Sie eine Rüsche aufsetzen. Dafür versäubern Sie die Kanten des Schrägbandes mit Zickzackstich. Wie vorher die Perlenschnur beidseitig über dem Zickzackstich aufsteppen. Steppen Sie mittig eine Reihnaht mit möglichst lang eingestelltem Geradstich. Ziehen Sie den Unterfaden auf eine Länge von 65 cm an. Zeichnen Sie einen Kreis mit ca. 20 cm Ø mittig auf dem Organzakreis auf. Stecken Sie die Rüsche mittig auf der Markierung auf und steppen Sie diese über der Reihnaht fest.

Legen Sie den Organzakreis mit Perlen in das Windlicht und stellen Sie zur Sicherheit das Teelicht in ein kleines Schnapsglas, so kann der Organza sich nicht entzünden.

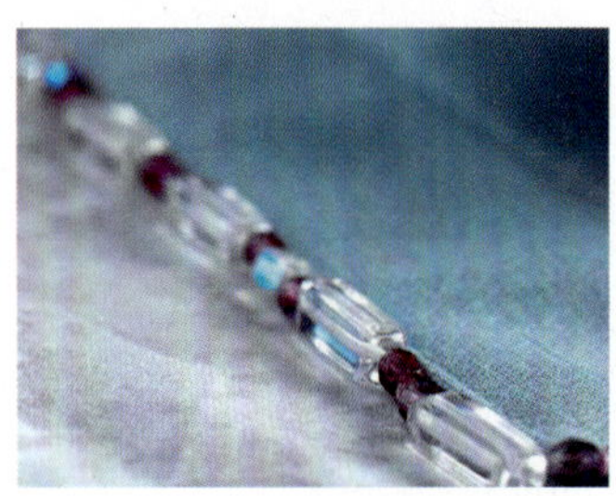

MARIA

Stilvolle Geschenkhüllen

Zartes Organza statt traditionelles Papier: Wer seine Geschenke so stilvoll verpackt, wird immer einen Treffer landen. Ob Flaschenhülle oder Tasche – sind die Geschenkhüllen außerdem noch so individuell verziert wie hier, werden Sie in bester Erinnerung bleiben!

Das brauchen Sie

Vorlage Seite 62

Tasche mit Nieten

- 1,00 m Organza in Lila, 90 cm breit
- 0,50 m Tüll in Lila, 140 cm breit
- Nähfaden, z.B. von Gütermann creativ
- 8 Ösen in Silber, Ø 4 mm

Flaschen-Tasche

- 0,60 m Organza in Türkis, 90 cm breit
- Rest Solvy
- Nähfaden, z.B. von Gütermann creativ

So wird's gemacht

Tasche mit Nieten

Zuschneiden: Alle Teile nach den Angaben des Vorlagenbogens zuschneiden.

1 Bügeln Sie die Oberkante der vier Beutelteile und der aufgesetzten Tasche zweimal je 2,5 cm auf die linke Seite. Schieben Sie je ein Lage Tüll und das zweite Beutelteil unter die umgebügelte Kante des ersten bis an dessen Bruchkante. Steppen Sie die obere Kante schmalkantig ab, fassen Sie dabei alle Lagen. Bügeln Sie die übrigen Kanten der aufgesetzten Tasche 1 cm breit auf die linke Seite. Schlagen Sie in die obere Kante 6 Ösen ein und je 1 Öse in die beiden unteren Ecken. Die Tasche auf ein dreilagiges Beutelteil stecken und schmalkantig mit dem Reißverschlussfuß aufsteppen.

2 Arbeiten Sie die Seitennähte mit der französischen Naht: Legen Sie die dreifachen Beutelteile für die Vorder- und Rückseite der Tasche links auf links aufeinander und steppen Sie die Seitennähte 1 cm breit aufeinander. Die Nahtzugaben auf 4 mm Breite zurückschneiden, den Beutel wenden. Legen Sie die Beutelteile genau entlang einer Nahtrille rechts auf rechts und bügeln Sie die Kante. Steppen Sie eine 5 mm breite Naht, dadurch werden die Nahtzugaben in der Naht eingeschlossen. Die zweite Naht ebenso arbeiten.

3 Für den Taschenboden legen Sie je eine Lage Organza, Tüll und Organza aufeinander und steppen ringsum 1 cm von der Schnittkante entfernt die Stofflagen zusammen. Den Boden rechts auf rechts an der Unterkante von Vorder- und Rückteil einsetzen, dabei die Einsatzzeichen beachten. 1 cm breit steppen, dabei nach den Ecken die Naht immer neu ansetzen. Die Nahtzugaben zusammengefasst versäubern. Bügeln Sie nun, von den Ecken ausgehend zur Taschenoberkante hin, die „Seitennähte" als Bruchkante ein. Steppen Sie diese von rechts knappkantig ab. Falten Sie die Längs- und Querkanten der Trageriemen 1 cm breit auf die linke Seite, die längs laufenden Bruchkanten erneut aufeinanderfalten. Die Trageriemen an beiden Seiten schmalkantig absteppen und entsprechend der Zeichen an der Taschenoberkante aufsteppen.

Flaschen-Tasche

Zuschneiden: Alle Teile nach den Angaben des Vorlagenbogens zuschneiden.

Nähen Sie an der eingezeichneten Stelle die Knopflöcher ein, dafür Solvy unterlegen und anschließend auswaschen. Schließen Sie den Stoffstreifen mit der französischen Naht zum Ring (siehe Schritt 2, Tasche mit Nieten). Klappen Sie die obere Kante je 1 cm und 5 cm auf die linke Seite und steppen Sie den Saum von rechts schmalkantig ab. Parallel dazu mit 1,5 cm Abstand für den Tunnel eine weitere Naht nähen. Den Boden rechts auf rechts auf das Seitenteil stecken und 1 cm breit nähen. Die Nahtzugaben auf 0,5 cm zurückschneiden und zusammengefasst versäubern; Tasche wenden. Das Bindeband an den Längskanten je 1 cm auf die linke Seite bügeln, die Bügelkanten aufeinanderfalten und schmalkantig absteppen; in den Tunnel ziehen.

Praktische Deko-Säckchen

Diese Säckchen sind wie Appetizer und machen in jedem Fall Lust auf mehr! Dazu sind sie praktische Allrounder, denn sie nehmen alles auf, von Brötchen auf dem Frühstückstisch bis hin zur Blumendeko. Wer's perfekt mag, stimmt die Applikation auf den Inhalt ab.

Das brauchen Sie

Größe 21 x 21 cm

Vorlage Seite 62

- 21 x 42 cm Wollfilz in Maigrün, 4 mm dick
- rot-weiß gepunktete, rot-weiß karierte, grüne und naturfarbene Baumwollreste
- BSN-Applikationsfolie
- Nähfäden in Grün, Weiß und Rot
- Nähfaden, z.B. von Gütermann creativ
- Stickmotiv (optional)
- Solvy, z.B. Gütermann SULKY

So wird's gemacht

Übertragen Sie die Teile der Erdbeere und des Pilzes auf die Applikationsfolie, grob ausschneiden und auf die Rückseite der gemusterten Stoffe aufbügeln. Entlang der Konturen ausschneiden. Den Filzstreifen zur Hälfte legen und die Motive mit 5 cm zur Unterkante mittig auf dem Filz platzieren. Die Teile aufbügeln, mit Zickzack- oder Quiltstich aufsteppen. Die Schmalseiten des Filzstreifens mit einer gewellten Musterschere schneiden. Den Streifen quer zur Hälfte aufeinanderlegen und die Kanten 0,7 cm breit aufeinandersteppen. Wenden Sie den Beutel auf die linke Seite. Arbeiten Sie den Boden (siehe S. 46, Schritt 3).

Mila

Modische Accessoires

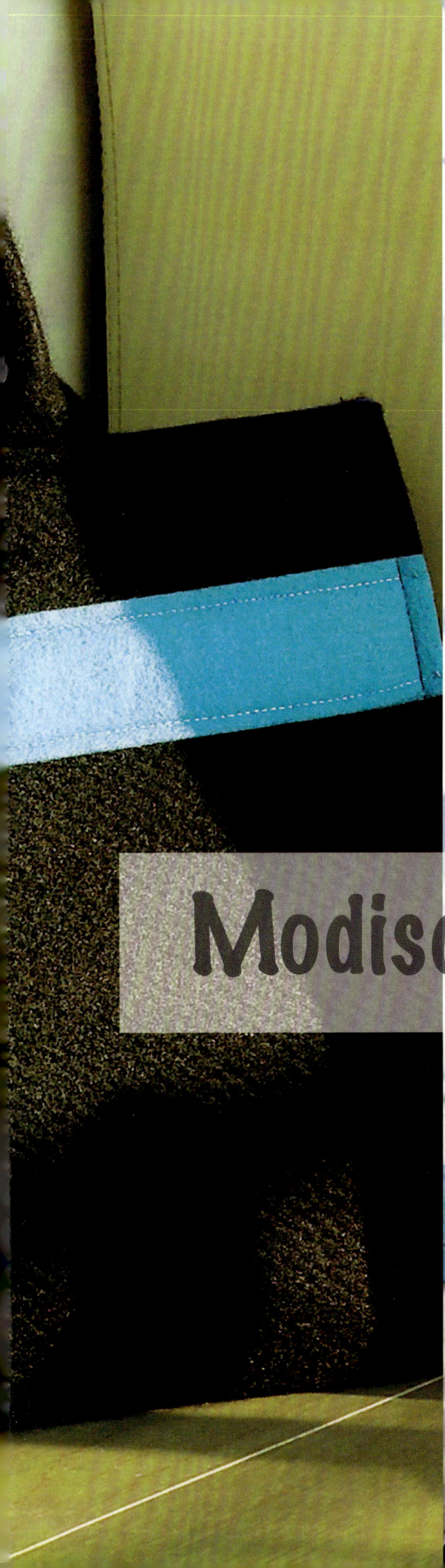

Eleganter City-Shopper

Nichts fasziniert Frauen so sehr wie Taschen – passend zum Outfit sind sie der Traum schlechthin. Aber warum davon träumen, machen Sie Ihre Taschen selbst! Stimmen Sie die Farbe des Shoppers auf Ihre Garderobe ab oder wählen Sie die klassische Variante in Schwarz.

Das brauchen Sie

Vorlage Seite 61

- 0,5 m schwarzer Filz, 90 cm breit mit 4 mm Stärke
- 5 cm türkisfarbener und royalblauer Filz, 90 cm breit mit 4 mm Stärke
- 5 Facettenperlen in Blau, ca. 4 cm lang
- 8 Facettenrädchen in Türkis, ca. 1 cm Ø
- etwa 30 Perlen in Türkis mit 4 mm Ø
- dünner Nylonfaden
- Perlennadel
- Textilkleber
- schwarzer und türkisfarbener Nähfaden

(Perlen und Nähzutaten z.B. von Gütermann creativ)

So wird's gemacht

Zuschneiden: schwarzer Filz: Taschenkörper 1 x, Taschenbügel 2 x, Seitenteil 2 x; royalblauer Filz: Seitenteil 2 x, innerer Taschenbesatz 2 x, Quastenbefestigung 1,5 x 20 cm; türkisfarbener Filz: Schleifenbesatz 1 x, Quastenstreifen 6 x je 1,5 x 20 cm.

1 Legen Sie die Längskanten der Taschenbügel bündig aufeinander und stecken Sie sie mit Nadeln fest. Steppen Sie eine 1 cm breite Naht, dabei lassen Sie am Anfang und Ende 6 cm offen. Die Naht mit Rückstichen an den Enden sichern.

2 Die Naht der Taschenbügel in die Mitte legen und bügeln. Die Nahtzugaben, den Anfang und das Ende der Henkel auseinanderbügeln. Stecken und kleben Sie die Henkel an der eingezeichneten Stelle auf die innere Seite der Taschenkante, die Nahtzugaben sind nach innen gerichtet; schieben Sie dabei die Henkelansätze 4 cm breit über die Taschenkante. Den blauen Filzstreifen quer über die obere Taschenkante stecken, dabei decken Sie die Henkelansätze ab. Steppen Sie die inneren Taschenbesatzstreifen entlang der Längskanten 1 cm breit fest.

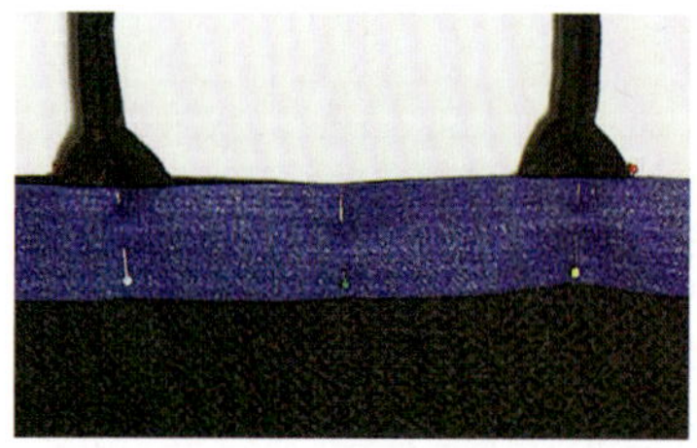

3 Legen Sie den türkisfarbenen Streifen für die Schleife quer zur Hälfte und steppen Sie eine senkrechte Naht mit 11 cm Abstand parallel zur Bruchkante. Den Streifen auseinanderfalten und die Bruchkante mittig auf die Naht zur Schleife drücken. Die Kanten bügeln und die Mittellinie senkrecht steppen. Stecken und kleben Sie Band und Schleife mit 6 cm Abstand zur oberen Taschenkante auf die Vorderseite der Tasche. Die Schleifenbandkanten 1 cm breit auf die Tasche steppen.

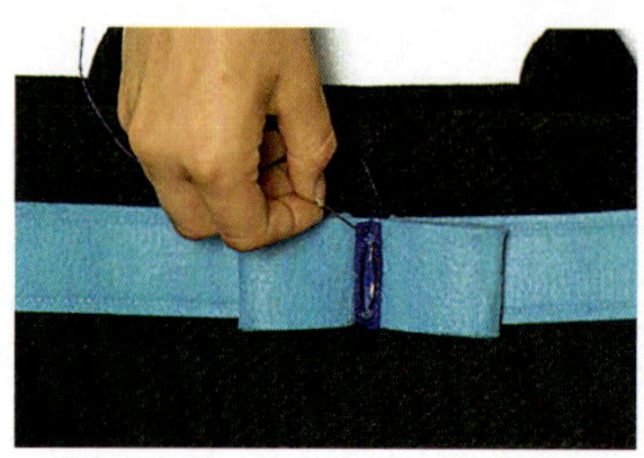

Steppen Sie mittig über die Schleifennaht einen 1 cm breiten blauen Filzstreifen. Darüber Perlen mit der Hand festnähen.

4 Stecken Sie beide Seitenteile offenkantig unter die Kanten des Taschenkörpers. Heften und kleben Sie die Naht. Steppen Sie sie 1 cm breit vom Seitenteil her aufeinander.

5 Legen Sie je 3 Quastenstreifen aufeinander, dann beide Päckchen nebeneinander. Die Streifen mittig über den blauen Filzstreifen falten. Dicht darunter mit einem türkisfarbenen Streifen umbinden, die Enden aufeinanderkleben. Die Perlen (siehe Foto oben) auf zwei Fäden fädeln und an der Quaste festnähen. Die Quaste am Henkel anknoten.

Küchenschürzen im Asia-Look

Schürzen machen sich schick und spiegeln modisch, was gerade auf dem Teller Furore macht. Unsere Schürzen im Asia-Look sind nicht nur für Sushi-Freunde gedacht. Ihr zeitgemäßes Design macht den täglichen Küchendienst wesentlich attraktiver!

Das brauchen Sie

70 cm breit, 64 bzw. 103 cm lang

- 0,60 m Baumwollstoff, z.B. Free Spirit Kollektion Asia, 114 cm breit (lange Schürze 1,10 m Designer Dapples)
- 1,10 m Baumwollstoff, z.B. Free Spirit Kollektion Designer Twine, 114 cm breit (B)
- 0,80 m Pomponborte in Schwarz mit 7 mm Ø
- 0,20 m Vlieseline H 200
- Nähfaden in passender Farbe, z.B. von Coats

So wird's gemacht

Zuschneiden: Asia-Stoff: 74 x 55 cm (Schürzenteil kurz); Designer Dappels: 74 x 96 cm (Schürzenteil lang); Designer Twine: 2 x je 74 x 17 cm (Besatz), 4 x je 110 x 17 cm (Bindebänder); Vlieseline: 70 x 15 cm; alle Angaben inkl. Nahtzugaben.

1 Bügeln Sie die seitlichen Längskanten des Schürzenteils zweimal je 1 cm auf die linke Seite und steppen Sie den Saum schmalkantig fest. Die untere Schürzenkante zweimal je 2,5 cm auf die linke Seite bügeln und feststecken. Stecken Sie die Pomponborte so über die Saumkante der rechten Seite, dass die Ansatzlinie genau über dem Bügelbruch des Saums liegt. Falten Sie den Anfang und das Ende der Borte 1 cm breit auf die linke Seite zwischen die Saumzugaben. Steppen Sie Borte und Saum in einem Arbeitsgang fest.

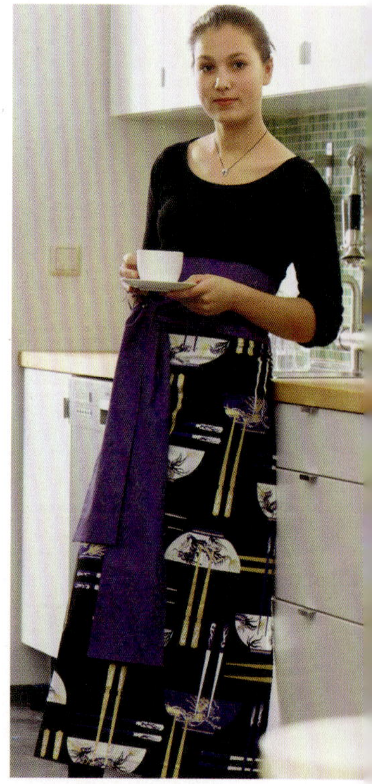

2 Bügeln Sie die Vlieseline auf die Rückseite eines Besatzteils. Die Besätze rechts auf rechts legen und entlang einer Längskante 1 cm aufeinandersteppen. Die Nahtzugaben auseinanderbügeln. Die seitlichen Nahtzugaben 2 cm breit nach links bügeln. Die Besatzlängskante rechts auf rechts auf die obere Schürzenkante legen und 1 cm breit feststeppen. Die Nahtzugaben in den Besatz bügeln. Die Nahtzugabe an der offenen Besatzkante 0,5 cm breit auf die linke Seite bügeln. Den Besatz entlang dieser Kante von der Rückseite her feststecken und von rechts aufsteppen.

3 Legen Sie je zwei Bindebänder rechts auf rechts und steppen Sie diese 1 cm breit aufeinander, dabei eine Schmalseite offen lassen. Die Nahtzugaben zurück- und an den Ecken schräg wegschneiden, die Teile wenden und bügeln. Die Bindebänder an der rechten und linken Schürzenkante 3 cm tief in die offenen Besatzkanten schieben, feststecken und die Naht der Besatzkanten steppen, dabei die Bindebänder fixieren.

Kleine Dirndl-Tasche

Ob Karohemd und Jeans oder fescher Dirndl-Look: Das herzige Täschchen passt immer und bietet genug Platz für alles, was man für einen Ausflug aufs Land braucht. Wem nicht der Sinn nach Herzen steht, appliziert sich ein anderes Motiv auf die Umhängetasche aus Filz.

Das brauchen Sie

- 0,25 m Wollfilz in Beige meliert, 3 mm dick, 140 cm breit
- Rest hellblauer Filz
- Rest rot karierter Stoff und BSN-Folie
- Metallknopf in Herzform
- Nähfaden, z.B. von Gütermann creativ

So wird's gemacht

Zuschneiden: grauer Filz: 23 x 33 cm (Tasche), ein an der Schmalseite gerundetes Rechteck mit 23 x 20 cm (Klappe), 132 x 3 cm (Riemen); hellblauer Filz: 30 x 1,2 cm (mit Zackenschere ausschneiden).

1 Stecken Sie den Zackenstreifen so unter die Rundung der Taschenklappe, dass dieser 0,6 cm hervorschaut. Entlang der Rundung aufsteppen.

2 Steppen Sie mit 0,5 cm Abstand entlang der Längskanten des Trageriemens mit Zickzackstich (Stichlänge 0,7 mm, Stichbreite 2,5 mm) Ziernähte, die gleichzeitig den Riemen stabilisieren. Die Taschenklappe 12 cm breit und mittig über die Querkante des Taschenteils stecken und steppen. Dabei zwischen Klappe und Tasche am oberen Rand beidseitig die Riemen dazwischenschieben. Die Klappe 1 cm breit aufsteppen und mit einer senkrechten Mittelnaht stabilisieren.

3 Das Taschenteil rechts auf rechts legen und die Seitennähte 1 cm breit steppen. Eine Seitennaht auf den Boden drücken und die Spitze mit 3 cm Abstand quer absteppen. Die gegenüberliegende Ecke genauso arbeiten. Die Nahtzugaben zurückschneiden und die Tasche wenden.

4 Das Herz auf BSN-Folie übertragen, auf Stoff mit dazwischengelegtem Backpapier aufbügeln und ausschneiden. Mit Handstichen oder Quiltstichen auf der Tasche festnähen.

5 Auf der Klappe mittig mit 2,5 cm Abstand zur Kante ein Knopfloch einschneiden. Messen Sie den Knopf aus, um die Länge zu bestimmen. Steppen Sie schmalkantig um den Einschnitt herum, um ein Einreißen zu verhindern. Den Knopf an passender Stelle auf der Tasche festnähen.

Nostalgische Filztasche

Zu Hause noch in Urlaubserinnerungen schwelgen, warum nicht! Wer daraus lieber ein Geheimnis machen möchte, näht statt des Alpenidylls ein Spitzendeckchen vom Flohmarkt ein. Und bekommt so ein wahrlich exklusives Einzelstück!

Das brauchen Sie

- 0,50 m Wollfilz in Braun meliert, 4 mm dick, 90 cm breit
- 2 Lederstreifen je 4 x 82 cm
- 1,50 m Kordel mit 0,5 cm Ø
- naturfarbener Leinenrest
- Rest grün karierter Stoff
- Landschaftsfoto zum Kopieren; alternativ Spitzen- oder Stickereideckchen vom Flohmarkt
- 0,20 m BSN-Applikationsfolie
- 1,0 m grüne Litze,1,5 cm breit
- Trachtenknopf aus Metall
- Knebelknopf
- Nähfaden, z.B. von Gütermann creativ

So wird's gemacht

Vorbereiten: Leinen: 26 x 19 cm schneiden, Foto im Copyshop darauf kopieren lassen.

Zuschneiden: Filz: 45 x 72 cm (Tasche); Leder: je 4 x 82 cm (Henkel); karierter Stoff: Kreis mit 10 cm Ø (Rosette); BSN-Folie: 26 x 19 cm.

1 Bügeln Sie die BSN-Folie auf die Leinenkopie und diese mit 7,5 cm Abstand zur Querkante und 9,5 cm zu den Seiten auf dem Taschenteil auf. Stecken Sie die Litze von der rechten unteren Ecke aus rundum über die Kanten der Kopie, sodass die Hälfte der Breite über die Kopie ragt. Die Ecken schräg abdecken und die Litze mittig aufsteppen.

2 Legen Sie die Kanten des Taschenteils rechts auf rechts und steppen Sie die Seitennähte 1 cm breit. Die Seitennaht auf die Bodenmitte drücken, sodass ein Dreieck entsteht. Markieren Sie im rechten Winkel zur Seitennaht eine Quernaht, die etwa 10 cm lang ist. Entlang dieser Markierung steppen, die zweite Taschenecke genauso arbeiten. Die Ecke bis auf 0,5 cm Nahtzugabe wegschneiden und die Tasche wenden.

3 Für die Rosette die Außenkanten mit Vorstichen umnähen und den Faden fest anziehen. Die Fadenenden verknoten und auf den Kreismittelpunkt drücken, die Außenkanten zum Kreis zupfen. Auf der rechten unteren Ecke mit dem Metallknopf darüber festnähen.

4 Falten Sie die Henkel entlang der Längskanten aufeinander. Legen Sie in die Bruchkante jeweils die Hälfte der Kordel. Steppen Sie die Naht 0,5 cm breit, dabei am Anfang und Ende 5 cm offen lassen. Die Enden der Henkel mit jeweils 8 cm Abstand zur Mitte und 5 cm Abstand zur oberen Taschenkante mit einem Quadrat und Kreuz aufsteppen. Ein Knopfloch einschneiden und an der gegenüberliegenden Kante den Knebelknopf annähen.

Elegante Handytasche

Sie sind schwarz, weiß und auch farbig, aber alle zum Verwechseln ähnlich. Mit diesem Täschchen – schnell genäht und mit den Zierstichen Ihrer Nähmaschine individuell verziert – wird Ihr Handy zum Exklusivmodell, Verwechslung ausgeschlossen!

Das brauchen Sie

- Reste von lila- und fliederfarbener Doupionseide oder Seidentaft, ca. 40 x 50 cm
- 0,70 m Samtbändchen in Pink, 3 cm breit
- 3 jeweils 0,30 m lange Stickereibordüren in passenden Farben, 1 cm breit
- 0,30 m Stickvlies Tear Easy, z.B. von Gütermann SULKY
- Maschinenstickfaden Rayon 30 in Pink und Flieder, z.B. von Gütermann SULKY
- 0,20 m Gewebeeinlage G 710 zum Aufbügeln
- Textilkleber, z.B. HT 2 von Gütermann creativ

So wird's gemacht

Vorbereiten: Legen Sie das Maßband um das Telefon und messen Sie den Umfang. Zu diesem Maß rechnen Sie noch 2,5 cm plus 2 cm Nahtzugabe dazu, in der Höhe messen Sie die Länge des Telefons plus 2 cm plus 2 cm Nahtzugabe.

Zuschneiden: lilafarbene Seide und Gewebeeinlage: 2 x ein Rechteck mit den oben errechneten Maßen; fliederfarbene Seide: Streifen, 10 cm breit und Länge entsprechend des errechneten Umfangs plus Zugaben.

1 Bügeln Sie die Gewebeeinlage auf die Rückseiten der Taschenzuschnitte. Stecken Sie den fliederfarbenen Streifen auf die Vorderseite eines Taschenzuschnitts mit etwa 6 cm Abstand zur unteren Kante. Stecken Sie mittig über beide Schnittkanten je eine schmale Stickereibordüre und steppen Sie die Bordüre schmalkantig auf, so wird gleichzeitig der fliederfarbene Streifen fixiert. Anstoßend an die obere Bordüre steppen Sie ein Samtbändchen schmalkantig auf, daneben eine zusätzliche schmale Bordüre. Ein weiteres Samtbändchen steppen Sie mit 3 cm Abstand zur unteren Bordüre auf dem fliederfarbenen Streifen auf.

2 Legen Sie Stickvlies unter den Zuschnitt und verzieren Sie die Bändchen und den fliederfarbenen Streifen mit Zierstichen und Maschinenstickfaden. Sie können mittig auf den Bändchen steppen oder die Zierstiche beidseitig der Kanten der verschiedenen Streifen nähen.

3 Verstürzen Sie das Futter mit dem Zuschnitt der Außentasche: Legen Sie die Teile rechts auf rechts und steppen Sie die obere Kante 1 cm breit aufeinander. Die Nahtzugaben auseinanderbügeln. Futter und Außentasche längs zur Hälfte und rechts auf rechts falten. Steppen Sie die Kanten mit einem 10 cm langen Schlitz mit 1 cm Nahtbreite aufeinander. Wenden Sie die Hülle durch den Schlitz und schließen Sie den Schlitz mit Handstichen. Stecken Sie das Futter in die Außentasche und steppen Sie die obere Kante schmalkantig ab.

Hot Spots N.Y.
Empire State Buildin
Statue of Liberty
meatpacking distric
Brooklyn Bridge
Central Park

Wie neu: Spitzenbluse mit Blüten

Trends machen Mode. Schön wird Mode jedoch erst mit kleinen Details und individuellen Spielereien, die den persönlichen Stil unterstreichen. Und oft sind es nur kleine Veränderungen, die aus dem Lieblingsstück wieder ein Trendmodell zaubern.

Das brauchen Sie

Vorlage Seite 60

Kragen und Manschetten

- 1 weiße Baumwollbluse
- etwa 2,0 bis 2,20 m weiße Baumwollspitze mit 6 cm Breite (obere Kragensteglänge mit 4 multiplizieren)
- 1,50 m weißes Ripsband, 1,5 cm breit
- Nähfaden in Weiß, z.B. von Gütermann creativ

Blüten

- Reste von Organza und Baumwollstoff
- Ultra Solvy, z.B. Gütermann SULKY
- Folienstift
- Maschinenstickfaden Rayon 30 in Weiß und Metallicstickfaden in Weiß, irisierend, z.B. von Gütermann SULKY
- Textilkleber bzw. Textilsprühkleber, z.B. von Gütermann SULKY

So wird's gemacht

Kragen und Manschetten

1 Trennen Sie den Kragen vom Kragensteg. Dafür öffnen Sie die Steppnaht am oberen Rand des Kragenstegs vorsichtig mit einem Trennstab oder einer spitzen kleinen Schere. Hat der Steg eine Rundung bis zur Knopfleiste, öffnen Sie die Naht bis zum Beginn der Rundung. Falten Sie die Nahtzugabe des Stegs auf und entfernen Sie alle Fädchen. Markieren Sie am Kragensteg den ursprünglichen Nahtverlauf und die Mitte zwischen den beiden Schulternähten mit Stecknadeln oder Kreide. Die Nahtzugaben aufgefaltet bügeln.

2 Messen Sie die Länge des oberen und unteren Randes des Kragenstegs. Multiplizieren Sie das jeweilige Maß mit 2. Schneiden Sie von der Spitze zwei Stücke in diesen Längen ab. Versäubern Sie die senkrechten Kanten der Spitzen mit engem Zickzackstich (Stichlänge 0,25 mm, Stichbreite 2 mm). Falten Sie beide Spitzen zur Hälfte und markieren Sie sich mit Stecknadeln oder Kreide die Mittelsenkrechte. Steppen Sie mit 0,5 cm Abstand zu den Schnittkanten der Spitze eine doppelte Reihnaht mit der größten Stichlänge. Der Nahtabstand sollte etwa 0,5 cm betragen. Ziehen Sie beide Unterfäden der Reihnähte von beiden Seiten an, bis die Spitze die Länge der oberen bzw. unteren Kragensteglänge hat.

3 Stecken Sie zuerst die obere Spitze rechts auf rechts bündig auf die obere Kragenstegkante, dabei verteilen Sie die Mehrweite der Rüsche gleichmäßig. Legen Sie die Mittelmarkierungen der Rüsche genau über die Markierung am Steg. Steppen Sie die Rüsche zwischen den Reihnähten fest. Bügeln Sie die Nahtzugabe des Kragenstegs zusammen mit der Nahtzugabe der Rüsche zur Innenseite des Stegs und stecken Sie den äußeren Steg mit eingefalteter Nahtzugabe darüber, erneut bügeln. Steppen Sie die Stegteile mit der

dazwischenliegenden Rüsche von der äußeren Kragenstegseite schmalkantig ab.

4 Legen Sie die zweite Spitze links auf rechts auf die untere Stegkante, die Nahtzugabe der Rüschenkante ragt 0,5 cm über die Stegansatznaht. Auch hier die Mehrweite gleichmäßig verteilen. Steppen Sie die Borte auf dem Steg zwischen den Reihnähten fest. Klappen Sie die Spitze über die Naht auf die Bluse und bügeln Sie über die Ansatznaht. Die Rüsche schmalkantig neben der Ansatznaht absteppen.

5 Teilen Sie das Ripsband in zwei Stücke. Stecken Sie je eine Hälfte so auf die Manschette, dass zu beiden Seiten jeweils etwa 25 cm überstehen. Die Längskanten stoßen an die Ansatznaht der Manschette an. Nähen Sie die Ripsbänder entlang beider Längskanten schmalkantig auf die Manschette. Die Enden der Bänder zweimal je 5 mm einschlagen und mit Handstichen fixieren.

Blüte 1 (Vorlagen a und b)

1 Legen Sie eine Lage Organza zwischen zwei Lagen Solvy und stecken Sie die Lagen mit Nadeln fest. Zeichnen Sie die Blütenblätter der Vorlage 1 a auf das obere Ultra Solvy mit Folienstift durch. Steppen Sie die Kontur rundum mit engem Zickzackstich (1 mm Breite, 0,35 mm Länge), dabei als Oberfaden Stickgarn verwenden. Nun arbeiten Sie die zweite, kleinere Blüte nach der Vorlage 1 b genauso.

2 Markieren Sie an beiden Lagen der Blüte 1 den Mittelpunkt. Legen Sie sie übereinander und schneiden Sie mittig ein kleines Loch. Umstechen Sie die Blütenmitte im Kreis mit einem engen Zickzackstich (2 mm Breite, 0,35 mm Länge).

3 Waschen Sie die Stickfolie der Blüten a und b aus und schneiden Sie die Blütenblätter knapp neben der Zickzackkante aus.

Blüte 2

1 Legen Sie eine Lage Organza zwischen zwei Lagen Solvy und stecken Sie die Lagen mit Nadeln aufeinander fest. Wählen Sie Metallicfaden als Oberfaden und Nähfaden oder Bobbin als Unterfaden.

2 Markieren Sie den Mittelpunkt und schneiden Sie mittig ein Loch. Umstechen Sie die Blütenmitte kreisförmig mit engem Zickzackstich (2 mm Breite, 0,35 mm Länge). Am einfachsten geht das, wenn Sie die Lagen langsam und gleichmäßig beim Nähen drehen und den Transporteur versenken.

3 Legen Sie die Lagen über die Vorlage, der umstickte Einschnitt liegt mittig auf der Vorlage. Zeichnen Sie mit Folienstift die Linien der Kreise und Blütenblätter auf das oberste Solvy durch.

4 Steppen Sie die Kreislinien durch langsames Drehen der Folie mit dem Organza. Abschließend

sticken Sie die Blütenblätter mit weißem Stickgarn im engen Zickzackstich. Das Solvy mit Wasser auswaschen und den Stoff trockenbügeln. Schneiden Sie den Stoff dicht an den Zickzacklinien der Blütenblätter weg, achten Sie darauf, dass Sie den Nähfaden nicht anschneiden.

Blüte 3

Legen Sie Baumwollstoff zwischen zwei Lagen Ultra Solvy. Zeichnen Sie die Vorlage durch. Schneiden Sie mittig ein kleines Kreuz, um dieses herum steppen Sie einen Kreis mit engem Zickzackstich. Nun wählen Sie einen bogenförmigen Stickstich und umnähen den inneren Kreis so oft, bis Sie die endgültige Größe erreicht haben.

Blüte 4

1 Nehmen Sie eine Lage Ultra Solvy und besprühen Sie diese mit dem Sprühkleber. Schneiden Sie von dem Metallicstickfaden viele etwa 10 cm lange Fäden ab und legen Sie sie dicht an dicht kreuz und quer auf das Ultra Solvy.

2 Übertragen Sie auf ein zweites Solvyquadrat die Kontur der Vorlage mit Folienstift. Das Ultra Solvy mit der aufgezeichneten Blüte darüberlegen und feststecken. Mit Metallicstickfaden entlang der Kontur mit Zickzackstich steppen. Nun kreuz und quer über die Fäden mit Geradstich steppen. Das Vlies auswaschen und die Fäden bis zur Blütenkontur wegschneiden.

Blüte 5

1 Nehmen Sie jeweils zwei Lagen Solvy mit dazwischenliegendem Organza. Zeichnen Sie mit dem Folienstift die Konturen und Markierungen auf die oberste Lage von der Vorlage durch. Steppen Sie mit Maschinenstickfaden die äußeren Konturen mit engem Zickzackstich nach.

2 Setzen Sie das Fransenfüßchen ein und steppen mit einer dichten Spirale von der Mitte nach außen (grau unterlegt). Abschließend den Stoff bis dicht an die Zickzacklinien wegschneiden.

Blüte 6

Nehmen Sie jeweils zwei Lagen Ultra Solvy mit dazwischenliegendem Organza. Zeichnen Sie mit dem Folienstift die Konturen und Markierungen auf die oberste Lage von der Vorlage durch. Steppen Sie mit Maschinenstickfaden die äußeren Konturen mit engem Zickzackstich nach. Den Kreis innerhalb des grau markierten Ringes frei Hand mit Metallicstickfaden kreuz und quer steppen. Den grauen Ring mit dem Fransenfuß arbeiten. Abschließend den Stoff bis an die Zickzacklinien wegschneiden.

Die Blüten auf die Vorderteile der Bluse locker verteilt mit der Hand aufnähern.

Voll im Trend: Hippie-Gürtel

Accessoires kann man nie genug haben, denn damit erhält jedes Outfit das gewisse Etwas und wird zum modischen Statement. Mit diesem Gürtel landen Sie einen echten Hingucker, dabei ist er ganz leicht selbst zu machen!

Das brauchen Sie
Vorlage Seite 61

- 0,60 m Jeansstoff in Blau, 140 cm breit
- 0,30 m Seide in Türkis
- 0,50 m Vlieseline H 250
- Nähfaden in Blau, z.B. von Gütermann creativ
- Maschinenstickfaden Rayon 40 in Weiß, Türkis und Grün, z.B. von Gütermann SULKY
- 12 silberfarbene Ösen, Ø 5 mm
- 2 silberfarbene Ösen, Ø 8 mm
- Stickvlies Tear Easy, z.B. Gütermann SULKY
- Sprühkleber

So wird's gemacht

Zuschneiden: aus Jeansstoff: Vorder- und Rückteile, Belegrechtecke, Schrägstreifen je 2 x je 60 x 3 cm (Bindebänder) und 30 x 2,5 cm (Schlaufen); aus Seide: vorderes Gürtelteil 2 x und rückwärtiges Gürtelteil 1 x im Stoffbruch; aus Vlieseline: alle Gürtel- und Seidenteile.

1 Bügeln Sie die Vlieseline auf die Rückseiten der Teile. Markieren Sie mit Kopierpapier die Stick- und Ansatzlinien der Ellipsen auf der rechten Stoffseite und den linken Seiten der Belegrechtecke. Stecken Sie die Belege rechts auf rechts über die markierten Ellipsen der Gürtelteile, mit 1,5 mm langen Geradstichen die Ellipsen steppen. Die Ellipsen bis 3 mm vor die Nahtlinie aus-, in den Ecken einschneiden. Den Beleg auf die linke Seite wenden und die Kanten bügeln. Die Zierstiche in den Farben Ihrer Wahl entlang der Markierungen parallel zur Ellipsenkante steppen. Stecken Sie die verstärkten türkisfarbenen Seidenzuschnitte unter die bestickten Gürtelteile.

2 Legen Sie je ein besticktes Gürtelteil und ein Gegenstück rechts auf rechts aufeinander, dann feststecken und verstürzen: die Kanten rundum 1 cm breit aufeinandersteppen, dabei einen etwa 5 cm langen Schlitz zum Wenden offen lassen. Die Nahtzugaben 0,5 cm breit zurück-, in den Rundungen senkrecht bis kurz vor die Naht ein- und an den Ecken schräg wegschneiden. Die Teile wenden und die Nahtzugaben des Schlitzes auf die Innenseite klappen, bügeln.

3 Schlagen Sie die Ösen an den eingezeichneten Stellen in der passenden Größe ein. Für die Bänder und Schlaufen legen Sie die Streifen längs rechts auf rechts und steppen die Kanten füßchenbreit neben der Bruchkante. Wenden Sie die Bänder mit Hilfe einer dicken Stopfnadel. Die Längskanten der Bänder bügeln. Schneiden Sie vom Schlaufenband 6 Stücke mit je 3,5 cm Länge ab und steppen Sie die Längskanten schmalkantig ab. Mit den Abschnitten die Gürtelteile durch die Ösen verbinden, die Enden auf der Rückseite mit der Hand aufeinandernähen. Das Bindeband halbieren und je ein Band in die vorderen Ösen fädeln. Die Enden der Bänder einzeln verknoten.

Kragen, Bund und Co: Aus Alt mach Neu

Das Leder ist ein wenig abgetragen und auch sonst ist die Lieblingsjacke in die Jahre gekommen? Kein Problem: Farblich passender Bündchenstoff auf Kragen und Ärmeln, dazu Plüsch als modisches Extra und schon kann der nächste Winter kommen!

Das brauchen Sie

- 0,30 m Langhaarplüsch
- 0,50 m naturfarbener Bündchenstoff, 90 cm breit
- Nähfaden, z.B. von Gütermann creativ
- Schnittpapier

So wird's gemacht

1 Trennen Sie den Kragen an der vorderen Mitte vom Reißverschluss und im weiteren Verlauf die Naht der Halsausschnittkante. Nehmen Sie einen Trennstab und achten Sie darauf, dass Sie beim Trennen nur die Fäden der Naht durchtrennen, aber nicht das Leder. Den abgetrennten Kragen weiter entlang der äußeren Kragennaht auftrennen. Besteht dieser aus mehreren Einzelteilen, auch diese Nähte lösen.

2 Ziehen Sie alle Fäden, die sich noch in der ursprünglichen Naht befinden, aus dem Leder. Bügeln Sie die Nähte am Kragen und Halsausschnitt, keine Angst, Leder verträgt Temperaturen bis hin zur Bügeleinstellung Baumwolle. Ist es Kunstleder, beginnen Sie mit der Einstellung Polyester.

3 Nehmen Sie die Maße der Kragenschnittteile ab und übertragen Sie diese auf das Schnittpapier. Schneiden Sie den inneren Kragen aus Plüsch, den äußeren aus Bündchenstoff mit Nahtzugaben aus. Steppen Sie den inneren und äußeren Kragen rechts auf rechts entlang der Außenkante aufeinander. Ziehen Sie die Härchen des Plüschstoffes mit einer Stecknadel aus der Naht auf der rechten Seite heraus. Stecken Sie den Außenkragen rechts auf rechts an den Halsausschnitt und steppen Sie die Naht. Die Nahtzugaben in den Kragen bügeln. Die vorderen Kanten des Außen- und Innenkragens 1 cm breit auf die linke Seite bügeln und den Reißverschluss zwischen die Kanten schieben. Heften und vom Außenkragen her steppen. Die innere Kragenansatzkante einschlagen, stecken, heften und schmalkantig feststeppen.

4 Trennen Sie die Ärmelbündchen ab. Schneiden Sie den Bündchenstoff in doppelter Bündchenlänge plus 2 cm und in der Weite wie das ursprüngliche Bündchen plus 2 cm. Schließen Sie das Bündchen zum Ring und falten Sie es links auf links. Steppen Sie die offenen Kanten rechts auf rechts an den Ärmel.

5 Trennen Sie die Naht des Taillenbundes bis 9 cm vor der vorderen Mitte ab, von dort einen Bogen zur unteren Bundkante markieren und den Bund wegschneiden. Den Bund wie beim Ärmelbündchen ersetzen, an dem vorderen Bogen das Leder über den Bündchenstoff legen und von rechts mit Geradstich aufsteppen. Den Bündchenstoff hinter dem Bogen bis 0,5 cm vor der Naht wegschneiden und die Kanten versäubern.

Spitzenbluse S. 53

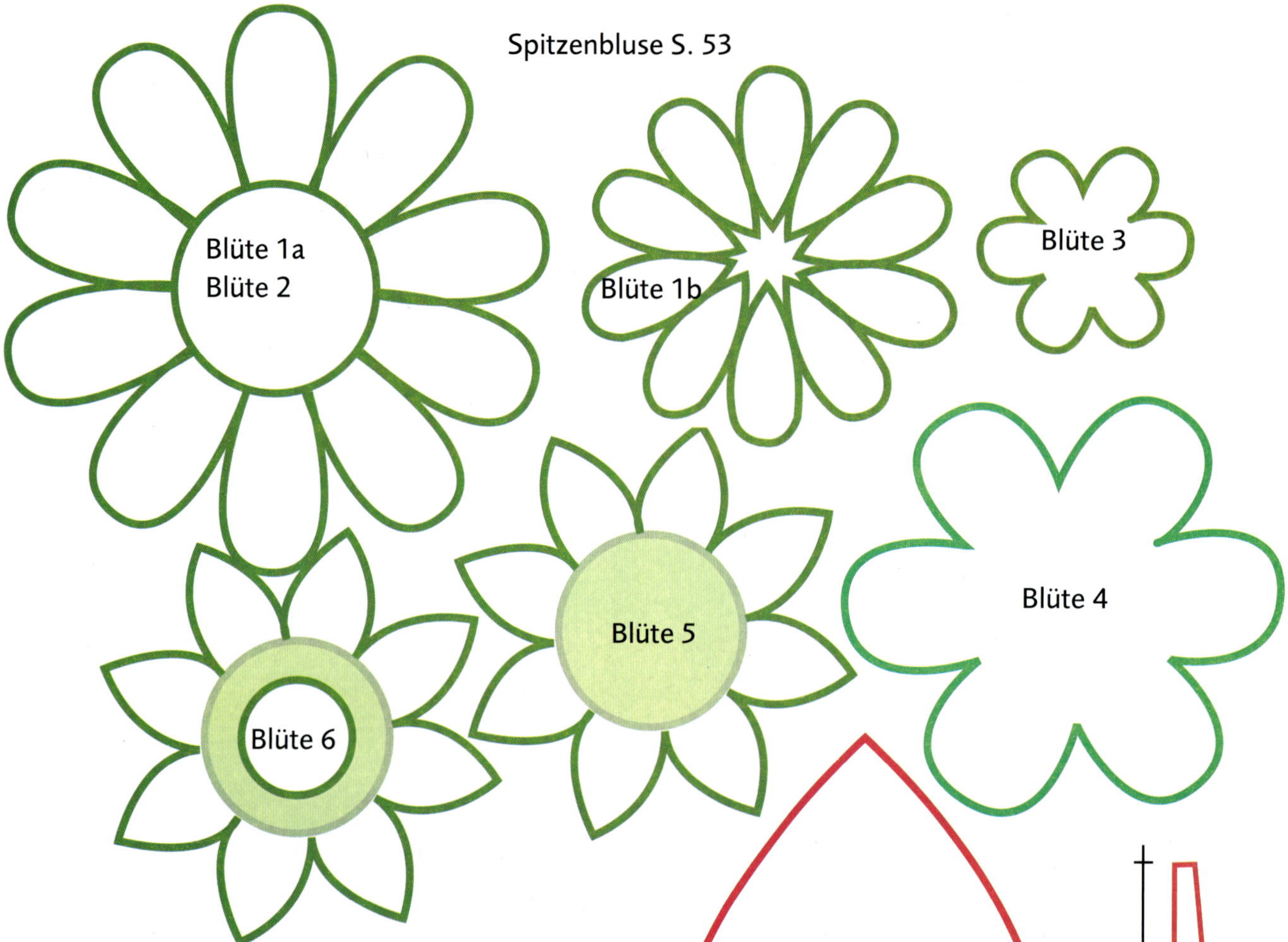

A B C D E F

G H I J K L

Alphabet nach Belieben vergrößern

M N O P Q

R S T U V

W X Y Z

Tischdekoration im Set S. 9

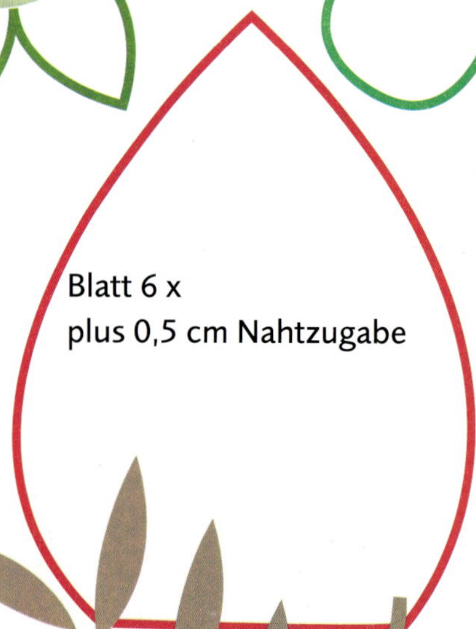

Stickmotiv in Originalgröße

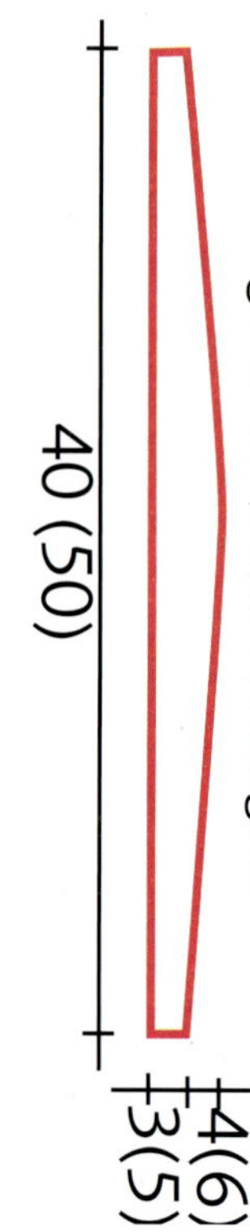

Schemazeichnung Rose
Angaben in cm inkl. Nahtzugabe

Immerblühende Deko-Rosen S. 17

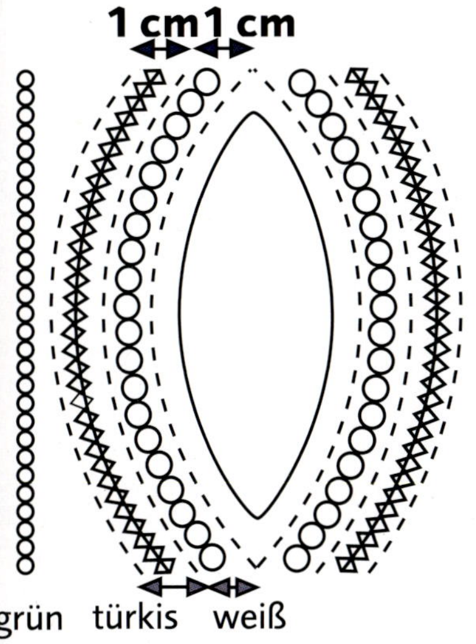

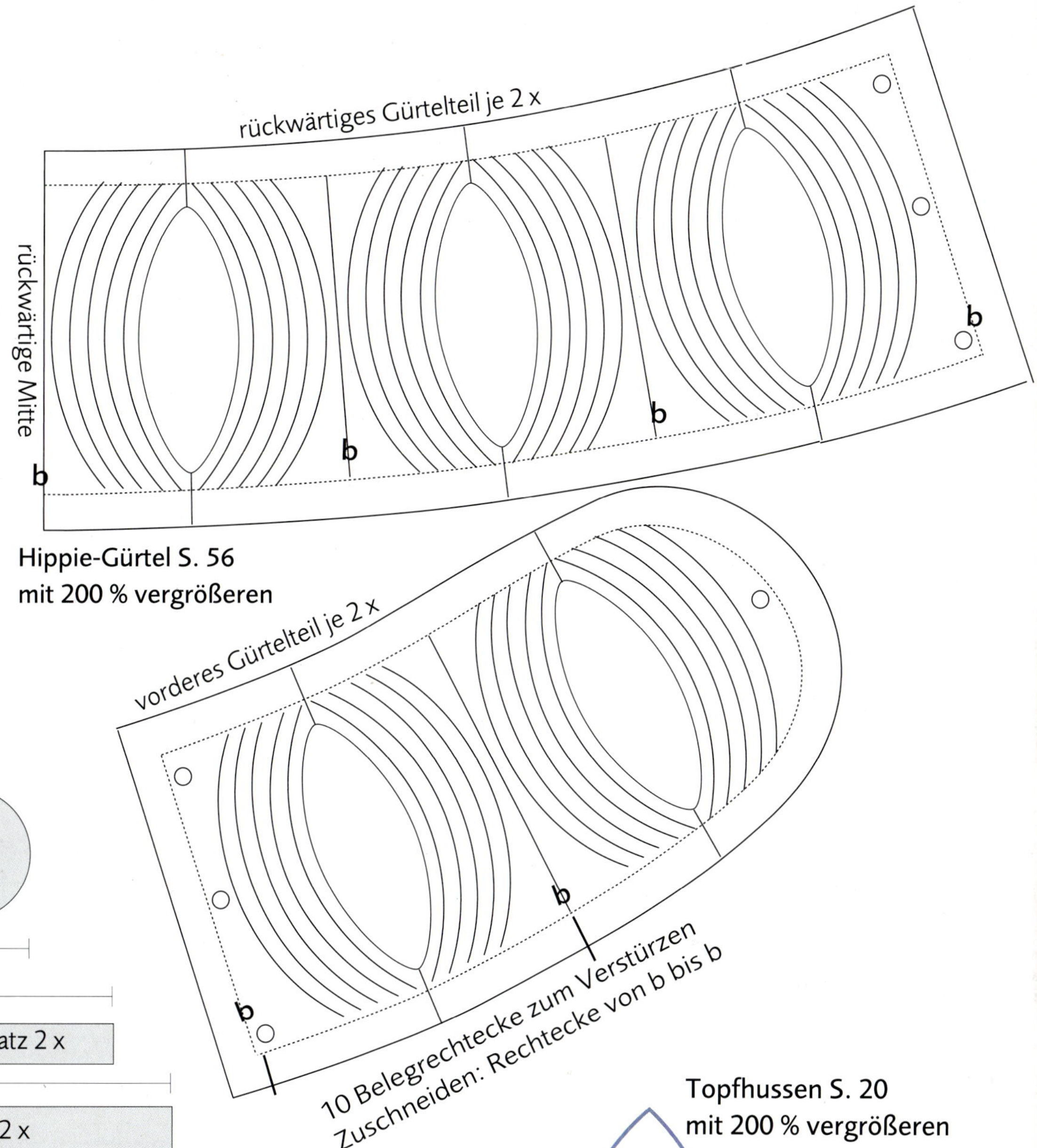

Hippie-Gürtel S. 56
mit 200 % vergrößeren

City-Shopper S. 42

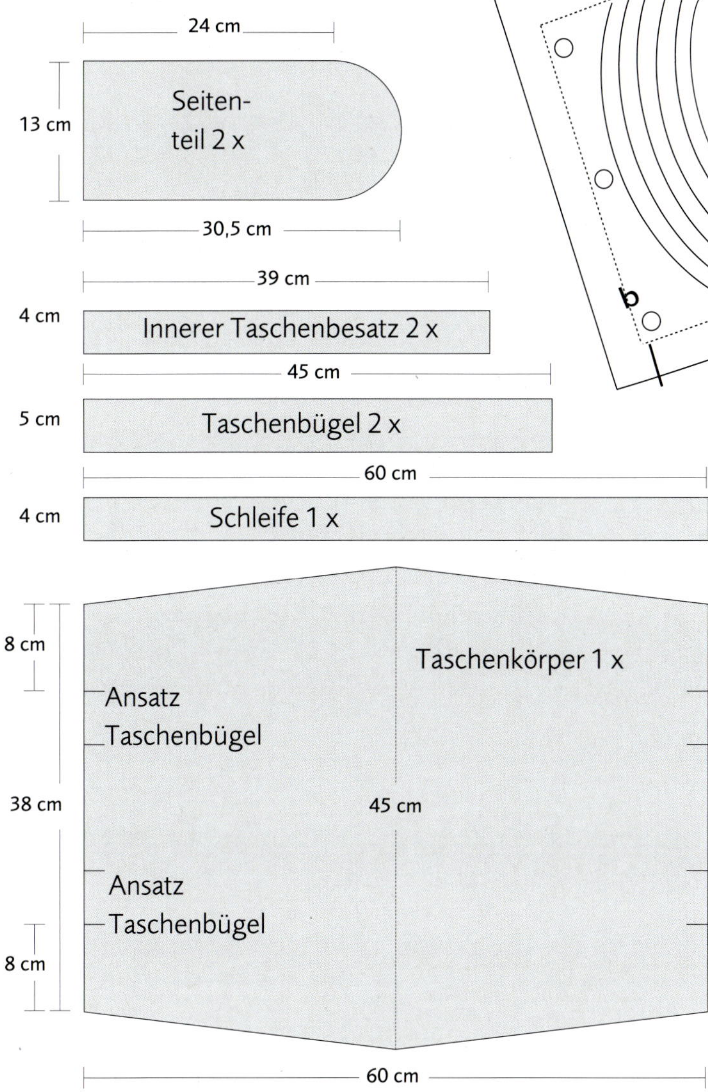

Topfhussen S. 20
mit 200 % vergrößeren

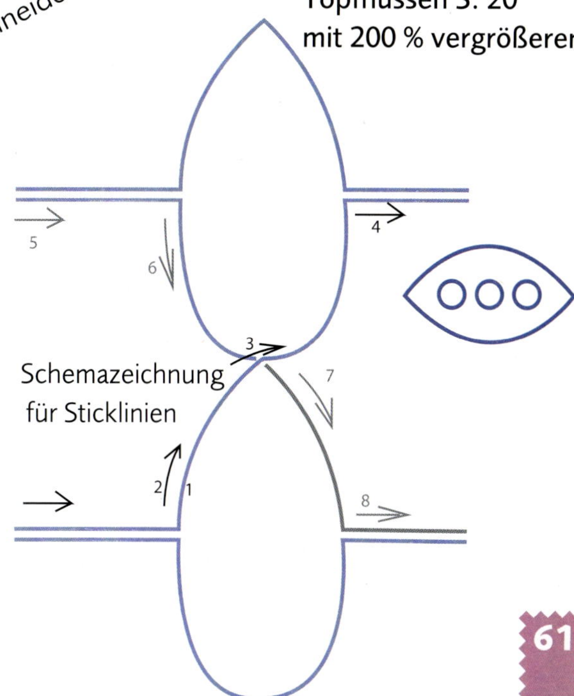

Geschenkhüllen S. 37

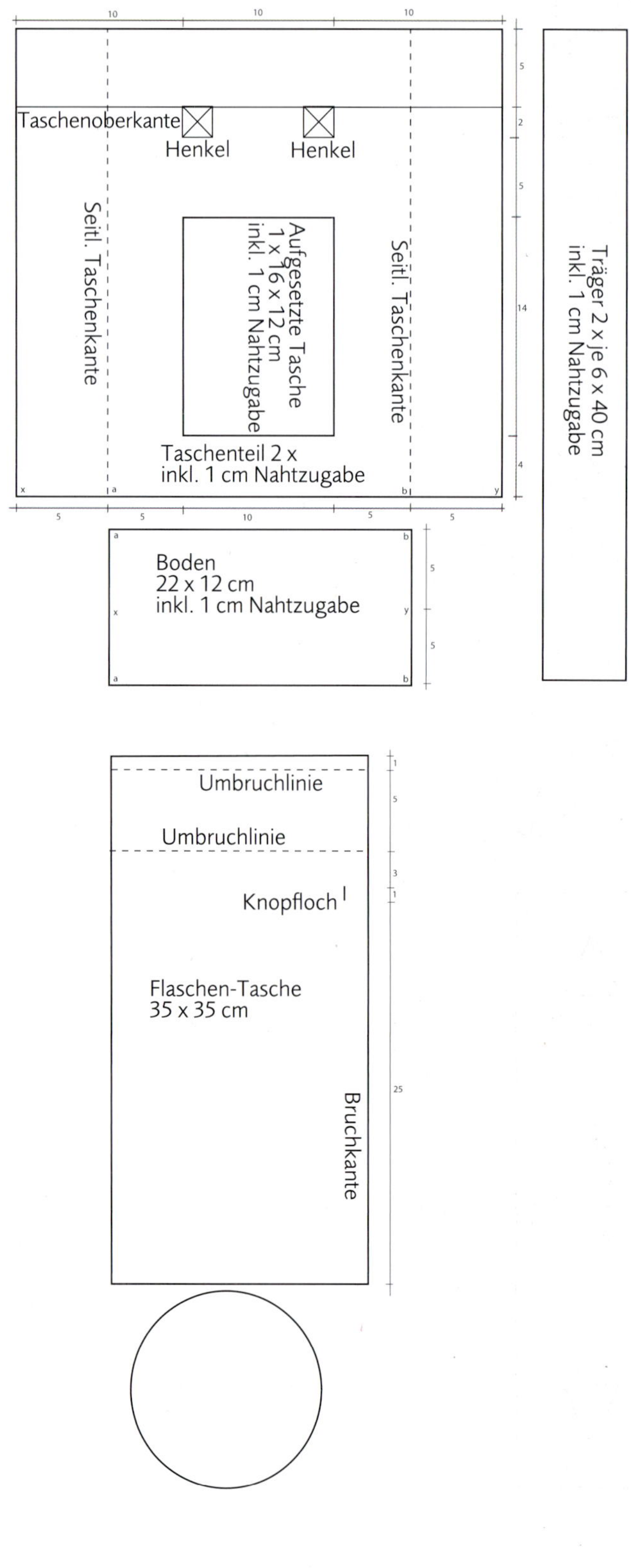

Stuhlkissen S. 30
mit 200 % vergrößeren

Tischläufer S. 15
Schemazeichnungen

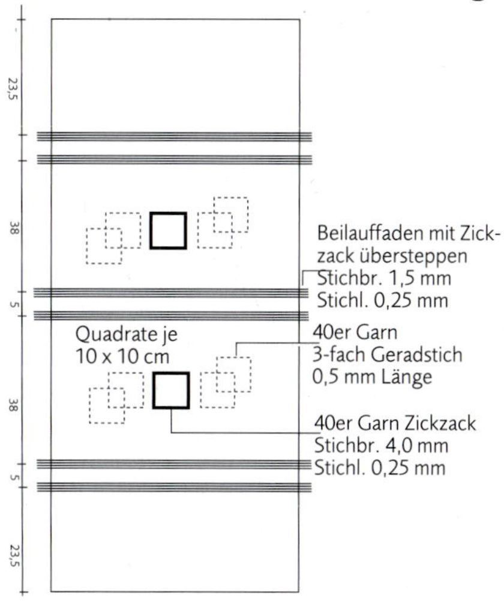

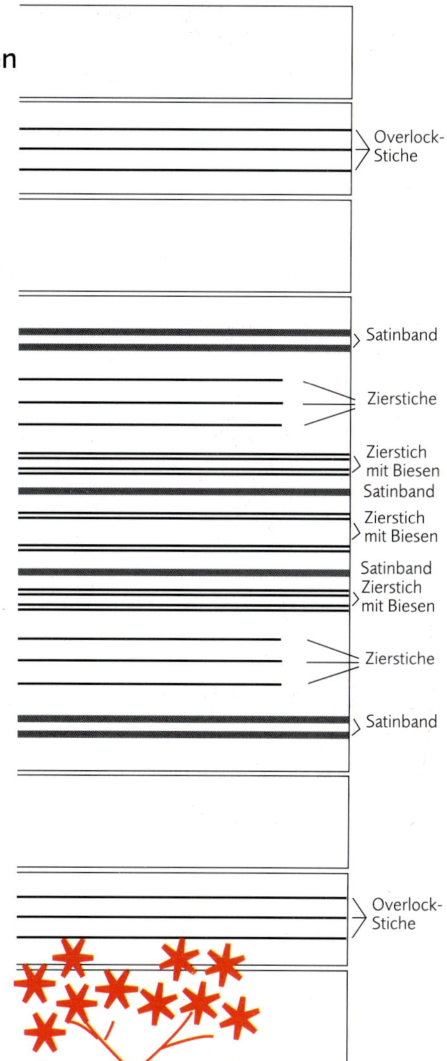

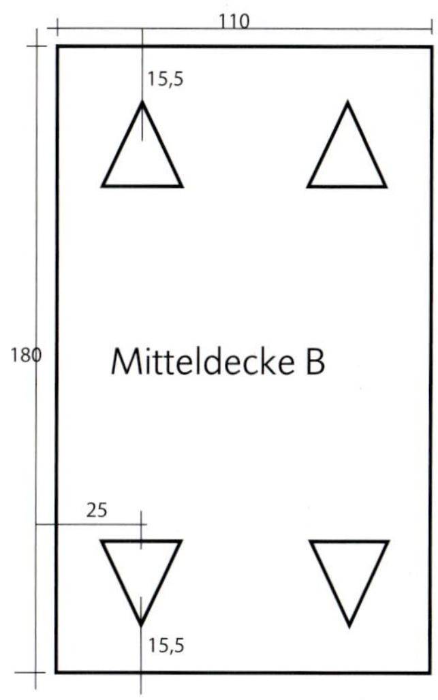

Tischdecken S. 11
Schemazeichnungen

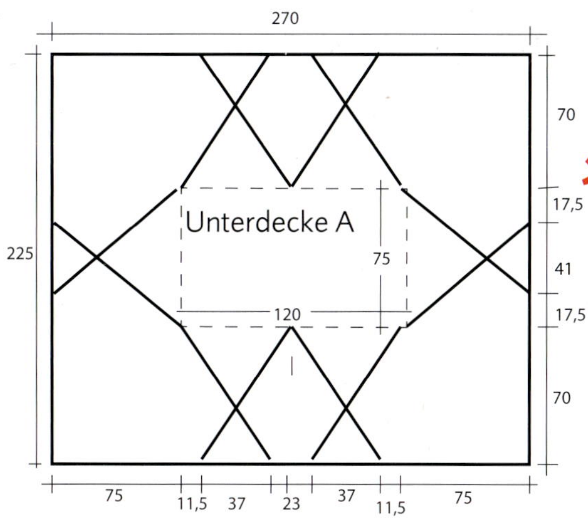

Tischset und Servietten S. 16
mit 200 % vergrößeren

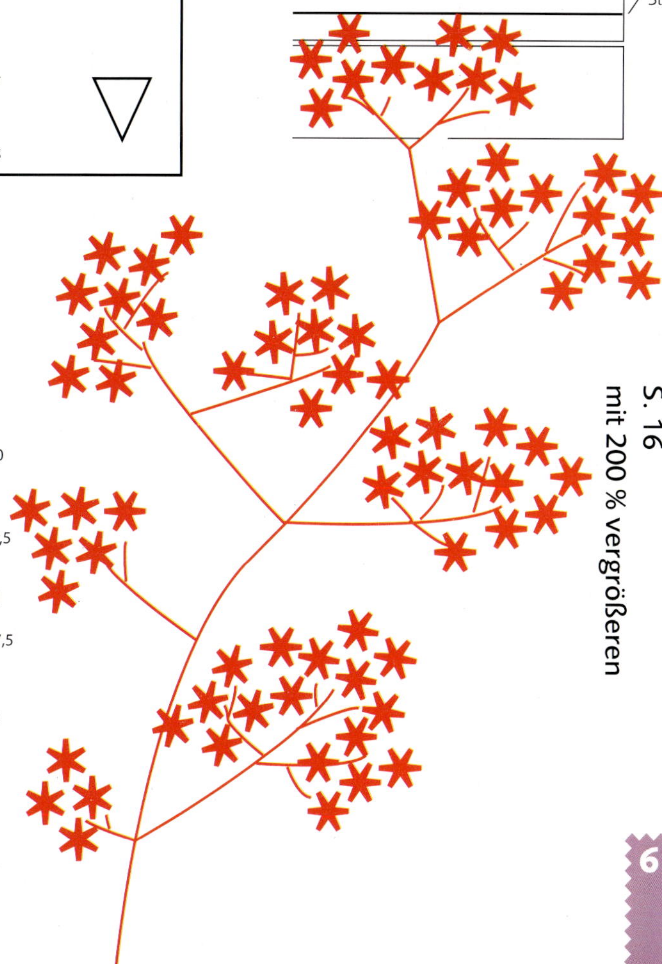

Bildnachweis

Singer®: S. 4, S. 33, S. 34, S. 35

PFAFF®: S. 3 l. u. M., S. 7, S. 11, S. 12, S. 13, S. 14, S. 16, S. 19, S. 21, S. 23, S. 25, S. 30/31, S. 36, S. 41, S. 52, S. 54/55 (6), S. 57

Husqvarna VIKING®: S. 8, S. 10, S. 59

Gütermann creativ: S. 3 r., S. 40/41 (1), S. 42/43 (3), S. 51

JAB Josef Anstoetz KG: S. 26, S. 28/29

Coats GmbH: S. 2, S. 44/45

Grund-Thorpe-Design: S. 6/7 (1), S. 17, S. 18, S. 39, S. 47, S. 49, S. 64

Wir bedanken uns bei den Firmen VSM Deutschland GmbH (Karlsruhe), Gütermann GmbH (Gutach-Breisgau), JAB Josef Anstoetz KG (Bielefeld), Coats GmbH (Kenzingen) sowie dem Atelier Grund-Thorpe-Design (Schweitenkirchen) für die Unterstützung beim Erstellen des Buches.